目次

社会
ニューウイング

別冊 詳しい解説付

高校入試

（注） 著作権の都合により，実際に使用された写真と異なる場合があります。

（注） 本書の内容についての一切の責任は英俊社にございます。ご不審の点は当社へご質問下さい。（編集部）

出題率って、どういう意味？

■ その単元が入学試験に出題される割合で、
■ 入試対策を効率よく進めるために役立つ情報です。

$$出題率（\%）＝\frac{その単元が出題された試験数}{調査した全試験数}×100$$

英俊社の「高校別入試対策シリーズ」出版校のすべての問題を、過去3年さかのぼって調査、算出しています。

この本のねらい

　この本を手にする受験生の皆さんの中には，高校入試に向けて，いったい何をどのように勉強すればよいのか悩んでいる人も多いことでしょう。もちろん，すべての単元の内容を徹底的に勉強しておけば，実際の入試で十分合格点を取れることは誰もが知っています。しかし，過去の入試問題を見ればわかるように，「入試で出題されやすい」内容というものがあります。これを念頭に置いて学習するのとそうでないのとでは，同じ努力でも得られる効果がかなり違ってくると思われます。

　この本は，『高校別入試対策シリーズ〈赤本〉』（英俊社）出版校の入試問題を独自の項目で分類して**出題率**を算出し，「**入試で出題されやすい**」内容にねらいを定めた構成としています。入試の実態に即した学習をめざす皆さんには，きっと大きな力になるでしょう。

この本の特長

◆例題で単元チェック　⇒　STEP UP　で問題演習

　各単元のはじめに典型的な例題や解説を掲載していますので，まずは実力のチェックをしてください。その後　STEP UP　で実践的な問題演習を行ってください。

◆出題率の高い問題に的をしぼっているので，効果的な問題演習が行える

　高校入試で出題率の高い問題（＝よく出合う問題）に的をしぼって収録しています。しかも，出題率の高い順に並んでいますので，より効率のよい入試対策ができます。

◆ポイントをおさえた解説

　多くの問題に解説をつけています。解けなかった問題，間違えた問題はじっくりと解説を読み，理解しておきましょう。

入試に向けての対策

　この本は上記の方針にもとづいてつくられているので，まずは何度もくり返し取り組み，出題の傾向をつかみ，そのうえで，まだ理解が足りないと感じたところや，この本に収録されていない単元についても学習を重ねてください。その際に，英俊社の『社会の近道問題シリーズ』をぜひ活用してください。また，出題率の集計結果はあくまでも全般的傾向を示したものなので，「出合いやすい」単元の内容を把握するだけでなく，志望校において「好んで出題される」単元や出題形式を知っておくことも大切になってきます。そこで，〈赤本〉でおなじみのベストセラー『高校別入試対策シリーズ』（英俊社）を入念に仕上げて，万全の態勢で入試に向かってください。

単元分類と出題率集計

調査対象校：187校　総試験数：568試験

大単元	中単元			小単元			
	ジャンル	出題試験数	出題率(%)	ジャンル（白字はこの本に収録）	出題試験数	出題率(%)	順位
地理	世界地理	365	64.3	中　国	3	0.5	41
				Ｅ Ｕ	32	5.6	19
				アメリカ	13	2.3	31
				中南米	9	1.6	33
				ASEAN	4	0.7	39
				全　域	235	41.4	2
				世界地理総合	61	10.7	13
				その他	22	3.9	24
	日本地理	346	60.9	東日本	45	7.9	17
				中日本	28	4.9	21
				西日本	64	11.3	12
				全　域	202	35.6	6
				日本地理総合	26	4.6	23
				その他	1	0.2	44
	地理総合	157	27.6	地理総合	157	27.6	7
歴史	日本史	441	78.0	古代〜近世	221	38.9	3
				近・現代—太平洋戦争まで	57	10.0	15
				近・現代—太平洋戦争以後	5	0.9	38
				近・現代—通史	82	14.4	11
				日本史総合	220	38.7	4
	世界史	60	10.6	古代文明	8	1.4	34
				宗教改革・大航海時代	4	0.7	39
				市民革命・産業革命	3	0.5	41
				世界大戦前後	11	1.9	32
				中国・朝鮮半島	1	0.2	44
				世界史総合	37	6.5	18
				その他	0	0.0	46
	歴史総合	219	38.6	歴史総合	219	38.6	5
公民	政治	264	46.5	憲法・人権	59	10.4	14
				国会・内閣・裁判所	48	8.5	16
				選　挙	8	1.4	34
				地方自治	18	3.2	27
				政治総合	152	26.8	8
				その他	0	0.0	46
	経済	180	31.7	経済のしくみ	27	4.8	22
				財政・金融	15	2.6	29
				社会保障	15	2.6	29
				経済総合	119	21.0	9
				その他	8	1.4	34
	国際	24	4.2	国際関係	16	2.8	28
				地球的課題	6	1.1	37
				国際総合	2	0.4	43
	公民総合	297	52.3	公民総合	297	52.3	1
	融合問題	143	25.2	地理＋歴史	31	5.5	20
				地理＋公民	20	3.5	25
				歴史＋公民	20	3.5	25
				地理＋歴史＋公民	97	17.1	10

※中単元の集計は，一試験中に重複して出題されている小単元を除外しています。

この本の使い方

※ おさえておきたい重要項目

入試問題で取りあつかわれやすいテーマについて，ポイントをおさえています。
苦手なテーマがみられるようであれば，克服のために次の例題に取り組んでみてください。

例題　解説

実際の入試問題にチャレンジしてみてください。
解き終わったら，解説をじっくり読んで，わからなかった問題はもう一度解きなおし，基礎をしっかり固めてください。

解答

答え合わせをし，間違った場合には，必ずどのように間違ったかを分析し，次に同じ間違いをしないようにしてください。

STEP UP

例題を解き終わったら問題演習へ進んでください。ここには，英俊社の「赤本」から選びぬかれた出題率の高い良問がたくさん収録されています。合格へ向けて突き進んでください。

出題率 社会

地理・・・出題率グラフ

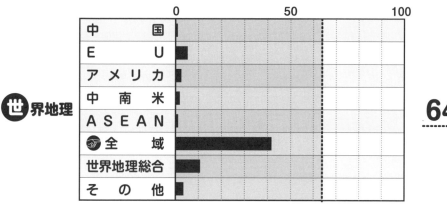

👆 =本書の収録単元

世界地理　**64.3%**

（中　国、E　U、ア　メ　リ　カ、中　南　米、ASEAN、👆全　域、世界地理総合、そ　の　他）

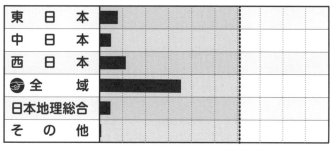

日本地理　**60.9%**

（東　日　本、中　日　本、西　日　本、👆全　域、日本地理総合、そ　の　他）

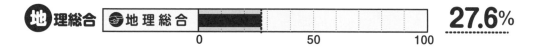

地理総合　👆地　理　総　合　**27.6%**

❖おさえておきたい重要項目

□	さまざまな地図の用途は 理解できているか	□	気候の特徴をとらえて， 雨温図の読み取りができるか
□	時差の計算はスムーズに できるか	□	人口問題にどのような課題が あるか確認できているか

例題 ◀地図からわかること▶

■　次の問いに答えなさい。　　　　　　　　　　　　　　　　　　　　　　（桃山学院高）

(1)　地球儀について説明した文として正しいものを，次のア〜エから1つ選び，記号で答えなさい。

　ア　地球をかたどってつくられているため，世界全体を一度に見ることができる。

　イ　実際の地球の姿に似せて，面積・距離・方位・形を正しく表すことができる。

　ウ　地球を小さくした模型で，もち運びに便利である。

　エ　GPSなどの技術の発達に伴い，近年になって作られるようになった。

(2)　緯度と経度について説明した文として誤っているものを，次のア〜エから1つ選び，記号で答えなさい。

　ア　緯度は赤道を0度とし，地球を南北にそれぞれ90度に分けたものである。

　イ　緯度は北へ行くほど気温が高くなる。

　ウ　経度はロンドン郊外を通る経線を基準に，東西それぞれ180度に分けたものである。

　エ　経度は東へ行くほど日の出が早い。

解説

地球儀

(1)ア　一度に見られるのは地球の半分のみ。

　ウ　もち運びには不便といえる。

　エ　現存している最古の地球儀は，15世紀末につくられたもの。

(2)　北半球においては，北へ行くほど緯度が高くなるので，気温は低くなる。

解答　(1)　イ　　(2)　イ

例題 ◀時差の計算①▶

■　次の問いに答えなさい。　　　　　　　　　　　　　　　　　　　　　　　（羽衣学園高）

　　良太くんは春休みにオーストラリアのシドニーへ留学する予定にしています。シドニー
　で4月1日8時（現地時間）を迎えたとき，日本では何月何日何時か，次のア〜カから1
　つ選び，記号で答えなさい。なおサマータイムは適用しないものとし，時間は 24 時間表
　記（例：午後8時は 20 時）とします。また，日本は北緯 35 度・東経 135 度，シドニー
　は南緯 35 度・東経 150 度とします。

　ア　4月1日 18 時　　　イ　3月 31 日 22 時　　　ウ　4月1日 19 時　　　エ　3月 31 日 21 時
　オ　4月1日9時　　　カ　4月1日7時

解説

　　シドニーと日本の経度差は，150 − 135 から 15 度。**経度差 15 度で1時間の時差が生じる**
　ので，時差は1時間とわかる。**日本より東に位置するシドニーの方が時間は進んでいる**ので，
　日本の時間はシドニーの時間よりも1時間遅れていることになる。

解答　カ

例題 ◀時差の計算②▶

■　次の問いに答えなさい。　　　　　　　　　　　　　　　　　　　　　　　　（兵庫県）

　　右の表は，東京―シカゴ間の航空便の運航スケジュールであり，経度は現地の標準時子午線，出発と到着は現地の時刻である。表の ⎣ i ⎦ ，⎣ ii ⎦ と，これについて述べた次の文の ⎣ iii ⎦ に入る語句の組み合わせとして適切なものを，後のア〜カから1つ選び，記号で答えなさい。

表

		出発	所要時間	到着	
東京東経135度		1月29日午前10：40	11時間55分→	1月29日i	シカゴ西経90度
		到着	所要時間	出発	
		ii午後2：55	13時間25分←	1月31日午前10：30	

　　この航空路は上空の ⎣ iii ⎦ 風の影響で，シカゴから東京に向かう方が所要時間が長くなる。

　ア　i　午前7時35分　　　ii　2月1日　　　iii　西
　イ　i　午前7時35分　　　ii　1月 30 日　　iii　西
　ウ　i　午前7時35分　　　ii　2月1日　　　iii　東
　エ　i　午後1時35分　　　ii　2月1日　　　iii　東
　オ　i　午後1時35分　　　ii　1月 30 日　　iii　西
　カ　i　午後1時35分　　　ii　1月 30 日　　iii　東

解説

ⅰ・ⅱ　**経度差 15 度で1時間の時差が生じる**ため，東京とシカゴでは，(135 ＋ 90) ÷ 15 から，
　本初子午線をはさんで東に位置する東京の方が 15 時間早いとわかる。よって，東京出発
　時のシカゴの現地時間は1月 28 日の午後7時 40 分となるので，これに所要時間を足す。
　また，シカゴ出発時の東京の現地時間は2月1日の午前1時 30 分となる。
ⅲ　中緯度地域の上空に，一年を通して西から東に向かって吹く**偏西風**のこと。

解答　ア

例題 ◀世界の気候①▶

■　次の資料 A ～ D を見て，後の問いに答えなさい。　　　　　　　　　（京都両洋高）

〈資料〉

A
（草木とまばらな樹木）

B
（植物は育たない）

C
（オアシスでは植物が育つ）

D
（丈の短い草原）

資料 A ～ D は「世界の様々な地域」にみられる「気候」の特徴を示したものである。
A ～ D における「気候」の名称を語群から選び，それぞれ答えなさい。

〈語群〉　ステップ気候　　ツンドラ気候　　サバナ気候　　氷雪気候
　　　　温帯湿潤気候　　砂漠気候

解説

A　熱帯の気候の一つで，雨季と乾季がはっきりしている気候。ケニアなどでみられる。

B　一年中雪や氷でおおわれている気候で，グリーンランドや南極などが属する。

C　乾燥帯の気候の一つで，一年を通して雨がとても少なく，砂漠が広がっている。

D　乾燥帯の中で，雨が降る季節がわずかにある気候。モンゴルなどでみられ，遊牧など
がおこなわれている。

解答　A　サバナ気候　　B　氷雪気候　　C　砂漠気候　　D　ステップ気候

例題 ◀世界の気候②▶

■　次の雨温図のうち，パリのものはどれか。次のア～エから１つ選び，記号で答えなさい。

（プール学院高）

| ア | イ | ウ | エ |

気温（℃）　降水量（mm）

解説

　パリは西岸海洋性気候に属している。暖流の北大西洋海流の上を偏西風が吹くことで暖
気がもたらされ，高緯度のわりに冬でも温暖な特徴を持っている。

　また，年間を通して一定した降水量があることも特徴であり，雨温図の棒グラフの高さ
がほぼ一定になることがヒントとなる。

　アは温暖湿潤気候，イは乾燥帯，エは熱帯の気候の雨温図。

解答　ウ

例題　◀人口に関する問題▶

■　次の資料は，下の略地図中の A 国～ D 国と日本を比較するために，年齢別人口の割合などについてまとめたものです。ア～エは，A 国～ D 国のいずれかです。D 国にあたるものを，ア～エから 1 つ選び，記号で答えなさい。　　　　　　　　　　（山形県）

資料　　　　　　　　　　　　　　　　　　　　　　　　　　　　　　（2018 年）

| | 年齢別の人口割合（％） | | | 小麦の生産量（千 t） | 輸出額に占める輸送機械の割合（％） |
	0 ～ 14 歳	15 ～ 64 歳	65 歳以上		
ア	15.0	66.8	18.3	497	1.6
イ	24.7	64.1	11.2	18,518	7.8
ウ	26.5	66.2	7.2	2,943	26.5
エ	34.2	61.9	3.9	8,800	0.4
日本	12.2	59.7	28.1	765	23.2

注：年齢別の人口割合は，四捨五入してあるため合計が 100 にならないものもある。

（『世界国勢図会 2020／21 年版』などから作成）

【略地図】

注 1：略地図中の◎は，首都の位置を示している。
注 2：略地図中の各地図の縮尺は同じではない。

解説

　略地図中の A 国はメキシコ，B 国はアルゼンチン，C 国はスイス，D 国はエジプト。

　メキシコでは工業化が進み，輸送機械工業も発達しているので，輸出額に占める輸送機械の割合が日本よりも高い「ウ」があてはまる。

　アルゼンチンを流れるラプラタ川流域には温帯草原のパンパが広がっており，小麦の生産がさかんなので「イ」があてはまる。

　スイスは医療体制が充実しているため，高齢人口の割合も高い傾向にあるので「ア」があてはまる。

　エジプトの人口ミラミッドは，富士山型（ピラミッド型）をしており，年少人口が多く，高齢化は進んでいない。また，工業化も進んでいないため，輸出額に占める輸送機械の割合は低くなっている。よって，「エ」があてはまる。

解答　エ

STEP UP

1 右の地図は，中心（東京）からの距離と方位が正し
くなるように描かれた地図である。この地図では，中
心から見て，上が北である。次の問いに答えなさい。

(大阪府)

(1) 地図中には，六つの大陸と多くの島々が描かれて
おり，地図中のルサカはザンビアの首都である。

① 地図中において，東京から見てルサカはおよそ
どの方位に位置するか。次のア～エから１つ選び
なさい。☐

ア　東　　イ　西　　ウ　南　　エ　北

② ザンビアは内陸国である。内陸国とは国土が全
く海に面していない国のことである。次のア～エ
のうち，内陸国はどれか。１つ選びなさい。☐

ア　カナダ　　イ　トルコ　　ウ　モンゴル　　エ　オーストラリア

③ ザンビアには，1989 年に世界遺産に登録されたビクトリアの滝がある。次の文は，世界遺産
にかかわることがらについて述べたものである。文中の　X　に当てはまる語をカタカナ４字
で書きなさい。☐

　世界遺産は人類共通の財産であり，その保護は世界のすべての人々にとって重要である。世
界遺産の保護を行う機関の一つに　X　と呼ばれる国連教育科学文化機関があり，世界遺産は
1972（昭和 47）年の　X　総会で採択された世界遺産条約と呼ばれる条約にもとづいて国際
的に保護されている。

(2) 赤道は，地球上の緯度 0 度線上のことをいう。

① 地図中の A～D のうち，赤道を示したものとして最も適しているものはどれか。１つ選びな
さい。☐

② 赤道付近では，熱帯の気候に応じた農産物が栽
培されている地域がある。図Ｉは，2019 年におけ
る，ある農産物の生産量の多い上位３か国を示し
たものである。この農産物に当たるものを，次の
ア～エから１つ選びなさい。☐

ア　天然ゴム　　イ　カカオ豆　　ウ　バナナ　　エ　茶

図Ｉ

タイ 35.9%	インドネシア 22.7%	ベトナム 9.0%	その他 32.4%

（『世界国勢図会』2020／21 年版により作成）

(3) 地図中の a は，六つの大陸のうちの１つを示している。a にある河川名と山脈名との組み合わ
せとして正しいものを，次のア～エから１つ選びなさい。☐

ア　ボルガ川―ウラル山脈　　　　　イ　インダス川―ヒマラヤ山脈
ウ　ラプラタ川―アンデス山脈　　　エ　ミシシッピ川―アパラチア山脈

(4)　次の文は，アメリカ合衆国の都市であるサンフランシスコの位置について述べたものである。

文中の⒜〔　　　〕，⒝〔　　　〕から適切なものをそれぞれ１つずつ選びなさい。

⒜ [　　　　　]　　⒝ [　　　　　]

サンフランシスコは，⒜〔ア　太平洋　　イ　大西洋〕に面している都市である。地図を使って考えると，東京からルサカまでの距離よりも東京からサンフランシスコまでの距離の方が⒝〔ウ　短い　　エ　長い〕ことが分かる。

2 下の表と地図を見て，次の問いに答えなさい。　　　　　　　　　　　　　　（金光藤蔭高）

(1)　2020年開催予定であったドバイ国際博覧会が2021年に延期されました。次の①～⑤の過去の国際博覧会（万国博覧会）開催都市に関する表を見て，それぞれの国名を，表の後の語群より選びなさい。また，それぞれの国の位置を，地図中a～eより選び，記号で答えなさい。

① [　　　　　] [　　　]　　② [　　　　　] [　　　]

③ [　　　　　] [　　　]　　④ [　　　　　] [　　　]

⑤ [　　　　　] [　　　]

	開催都市	国の特徴
①	ニューヨーク	人種のサラダボウルと呼ばれる国
②	メルボルン	先住民族アボリジニの文化が残る国
③	バルセロナ	闘牛やフラメンコが有名な国
④	シャンハイ	世界最多の人口を抱える国
⑤	モントリオール	国旗にメープルの葉が描かれている国

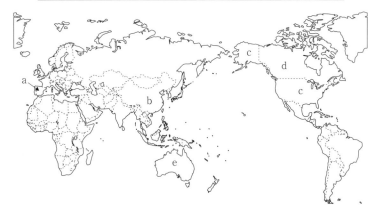

【語群】　中華人民共和国　　オーストラリア　　アメリカ合衆国

ドイツ　　　　　　カナダ　　　　　　スペイン

(2)　東京（東経135度）が2月9日正午の時，cの首都（約西経75度）の日時を答えなさい。

2月[　　]日[　　]時

(3)　東京（東経135度）が2月9日正午の時，aの首都は2月9日午前4時である。aの首都とロンドンの時差を答えなさい。[　　]時間

3　世界の地理に関する後の問いに答えなさい。　　　　　　　　　　　　　　（京都産業大附高）

　地理の授業で世界の自然環境について学んだミズホさんたちは，その内容についてさらに各班で探究することになりました。世界の自然環境に関する次の問いに答えなさい。

(1)　世界各地の気候を確認するために，ミズホさんの班は，世界の気候帯と主な海流が描かれた次の資料Ⅰを用意しました。資料Ⅰの地図中の矢印A，Bは主な暖流，寒流のいずれかです。寒流をあらわしているのはA，Bのどちらですか。記号で答えなさい。□

資料Ⅰ

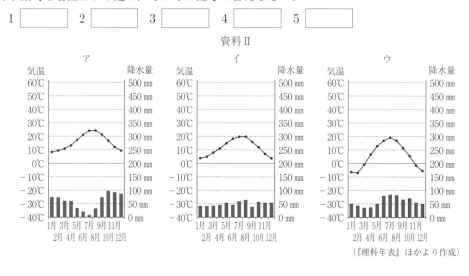

(2)　次にミズホさんたちは，次のような資料Ⅱを先生から渡されました。そして気候帯の形成に与える海流の影響について資料Ⅰを見ながら話し合いました。資料Ⅱ中の雨温図ア〜ウはそれぞれパリ，モスクワ，ローマの雨温図をあらわしています。後の会話文中の空欄1〜5に当てはまる適切な語句を各語群から選び，それぞれ記号で答えなさい。

1□　　2□　　3□　　4□　　5□

資料Ⅱ

（『理科年表』ほかより作成）

ミズホ　「気候帯の形成には，海流の影響もあるみたいだね。特にヨーロッパ州ではその影響が大きいようだよ」

サクラ　「ヨーロッパ州の大部分は，日本に比べると高緯度に位置しているけど，西側を流れる（　1　）とその上空を吹く（　2　）の影響を受けて，気候は比較的温暖なんだね」

ツバメ　「だから沿海部に位置しているパリは高緯度にもかかわらず温帯気候に属しているんだね。ということはパリの雨温図は（　3　）ということになるね」

ミズホ　「同じような緯度帯でもパリより東の，より内陸側に位置しているモスクワの雨温図と比べるとパリは一目瞭然だね。海から離れた内陸部は海流の影響を受けづらいことがモスクワの雨温図（　4　）を見るとよくわかるものね」

アズサ　「でも同じ沿海部でもローマはどうなんだろう。雨温図は（　5　）で，パリとは少し違う特徴をもっているね。アルプス山脈をはさんだ風下側に位置しているのも関係しているのかな」

語群（　1　）　ア：北大西洋海流・イ：ペルー海流・ウ：リマン海流

語群（　2　）　ア：貿易風・イ：偏西風・ウ：季節風

語群（　3　）　ア・イ・ウ

語群（　4　）　ア・イ・ウ

語群（　5　）　ア・イ・ウ

(3)　気候についての授業の中で，地域によって気候が違うように，衣食住などの生活文化にも地域による違いがあることを知りました。地域による生活文化の違いについて，個別の事例で説明するために，班ごとに各地域の衣食住の文化を説明するカードを作成しました。次のカードは，ミズホさんたちの班が，ある地域の様子についてあらわすために作成したものです。この地域の衣食住の文化を説明した文として正しいものを，後のア～カの中からすべて選び，記号で答えなさい。

カード

食事の様子

遊牧の様子

町並みの様子

伝統的衣装の様子

ア　主食はとうもろこしであり，粉にして練って焼くタコスをたべる。

イ　遊牧ではらくだが主に飼育されている。

ウ　肉として食べられるのは主に豚肉であり，日常的に食卓に上る。

エ　伝統的な家には，土をこねて作った日干しれんがが利用される。

オ　強い日ざしや砂ぼこりから身を守るために，衣服は長袖で，丈の長いものが好まれる。

カ　オアシスの周辺ではかんがいなどにより，なつめやしのような作物を栽培している。

4 右のランキングとそれに関する会話文を読み，後の問いに答えなさい。

（雲雀丘学園高）

順位	首都名
1	メキシコシティ
2	ペキン
3	あ
4	デリー
5	ジャカルタ
6	ダッカ
7	い
8	アブジャ
9	イスラマバード
10	ワシントン D. C.

『データブック　オブ・ザ・ワールド
2021』より作成

オサム：これは何のランキングなんだろう。メキシコシティが第1位に
　　　　なっているし，標高の高い順かな。

サ　キ：いや，それだったらエチオピアの(a)アディスアベバも入るはず
　　　　じゃないかな。

オサム：たしかに。そうしたら，(b)大気汚染の被害が大きく出ている都
　　　　市かな。メキシコシティは高山都市でかつ，盆地だから被害が大
　　　　きいというのを授業で聞いたし，ペキンの街中では空気が澱んで
　　　　視界が遮られているニュース映像をこの間見たよ。

サ　キ：そうかもしれないね。成長が著しい(c)新興国も入っているし。
　　　　きっと，大気汚染の被害が大きい都市のランキングだよ。

アユミ：君たちは何を言っているの。もし大気汚染や環境問題の被害が大きい都市のランキングだっ
　　　　たら，他にも工業都市が入ってくるはずだし，ワシントン D. C.みたいな政治都市が第10位
　　　　にはならないでしょ。

サ　キ：じゃあアユミさんは，これが何のランキングか分かるの？

アユミ：うーん，先生がこれは2つの統計を組み合わせて作ったランキングって言っていたから，
　　　　まず1つ目の統計が何かを考えて見ようよ。首都のままだとイメージがしづらいから，全て
　　　　国名に変換してみよう。

オサム：第1位から順番に，メキシコ，中国，　あ　が首都の国，インド，インドネシア…。えー
　　　　と，ダッカってどこの首都だっけ。

サ　キ：ダッカは(d)バングラデシュの首都だよ。あ，そっか，これは人口が多い国の上位10か国だ。

アユミ：多分そうだろうね。

オサム：あとはもう1つの統計だね。何だろう…，緯度が低い順とかかな。

アユミ：それは違うよ。だってこの中だったらもっとも低緯度な首都は，　A　だし。

オサム：うーん，じゃあ何だろう。サキさん分かる？

サ　キ：(e)自動車生産台数の多さ…

アユミ：それは違うよ。

サ　キ：分かってるって。ちょっと言ってみただけなのにそんな言い方しなくても。そこまで言う
　　　　ならアユミさんは分かっているんだよね。

アユミ：まあだいたいね。第7位から第10位が政治都市や何らかの理由で移された首都で，第1位
　　　　や第5位，第6位の国は，まだまだ発展途上で，都市化があまり進んでいない国だというこ
　　　　とを考えると，　B　順だよ。

先　生：さすが，アユミさんですね。正解です。

3　人：わっ，先生いつからいたんですか。

先　生：オサム君が「これは何のランキングなんだろう」と言った辺りからですよ。

3　人：最初からじゃないですか！

(1) ランキング中の空欄　あ　・　い　に入る都市名をそれぞれ答えなさい。

　　あ ⬚⬚⬚⬚⬚　い ⬚⬚⬚⬚⬚

(2) 会話中の空欄　A　に入る都市名を答えなさい。 ⬚⬚⬚⬚⬚

(3) 会話中の空欄　B　に入る言葉として適当なものを，次のア〜エのうちから1つ選び，記号で
　　答えなさい。 ⬚⬚⬚

　　ア　首都の面積が広い　　イ　首都の人口が多い　　ウ　首都の年平均気温が高い

　　エ　首都である期間が長い

(4) 下線部(a)に関して，次のA〜Cの雨温図は，北緯15°付近の都市であるアディスアベバ（エチ
　　オピア），バンコク（タイ），ンジャメナ（チャド）のものです。A〜Cが示す都市の組み合わせと
　　して適当なものを，後のア〜カから1つ選び，記号で答えなさい。 ⬚⬚⬚

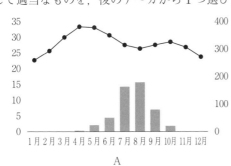

A

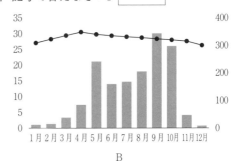

B

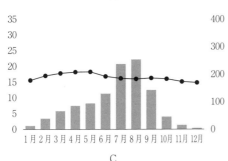

C

左軸：気温（℃）／右軸：降水量（㎜）　　　　　　　　　『データブック　オブ・ザ・ワールド2021』より作成

	ア	イ	ウ	エ	オ	カ
アディスアベバ	A	A	B	B	C	C
バンコク	B	C	A	C	A	B
ンジャメナ	C	B	C	A	B	A

(5) 下線部(b)に関して，次の地図上のａとｂは，ある環境問題の被害が大きい場所です。ａとｂの地域に関して述べた文章の正誤の組み合わせとして正しいものを，後のア〜エから１つ選び，記号で答えなさい。

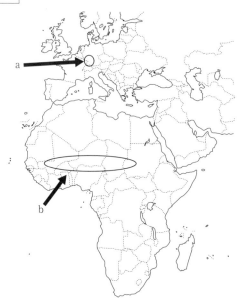

　　ａ　この地域は，酸性雨の被害が大きく，樹木の立ち枯れなどが問題となった。この被害は，旧ソ連構成国での化石燃料の燃焼に伴う，窒素酸化物や硫黄酸化物の発生が原因である。

　　ｂ　この地域は，世界最大の砂漠の南縁に位置し，砂漠化が進行している。これは，人口増加に伴う，過度な食料の増産や伐採が大きな原因となっている。

　　ア　ａ―正　　ｂ―正　　イ　ａ―正　　ｂ―誤　　ウ　ａ―誤　　ｂ―正

　　エ　ａ―誤　　ｂ―誤

(6) 下線部(c)に関して，ランキングにある，中国・　あ　が首都の国・インド・　い　が首都の国の４か国を総称して何というか。アルファベットで答えなさい。

(7) 下線部(d)に関して，次の表はバングラデシュで生産量・飼育数が多い品目である，米，ジュート，ヤギの上位５か国を示しています。Ａ〜Ｃに適する品目の組み合わせとして適当なものを，後のア〜カから１つ選び，記号で答えなさい。なお，国名の横の数字は世界の総生産量および飼育頭数における割合（％）です。

	A		B		C	
１位	中国	13.2	中国	27.1	インド	53.7
２位	インド	12.7	インド	22.1	バングラデシュ	44.4
３位	ナイジェリア	7.6	インドネシア	10.6	中国	0.8
４位	パキスタン	7.1	バングラデシュ	7.2	ウズベキスタン	0.4
５位	バングラデシュ	5.7	ベトナム	5.6	ネパール	0.3

『データブック　オブ・ザ・ワールド 2021』より作成

	ア	イ	ウ	エ	オ	カ
米	A	A	B	B	C	C
ジュート	B	C	A	C	A	B
ヤギ	C	B	C	A	B	A

(8) 下線部(e)に関して，次のグラフはアメリカ，中国，日本，インドの自動車生産台数の 2000 年〜 2020 年までの推移を表したものです。中国を示す折れ線として正しいものを，グラフ中のア〜エ から 1 つ選び，記号で答えなさい。

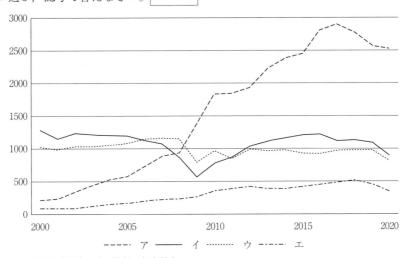

縦軸：台数（万台）／横軸：年度（年）

OICA（国際自動車工業連合会）の資料より作成

② 日本地理（全域）

❖おさえておきたい重要項目

- ☐ 地形図の読み取りはできる
  ようになっているか
- ☐ 気候の特徴をとらえて，
  雨温図の読み取りができるか
- ☐ 自然地形や起こりやすい
  自然災害は確認できているか
- ☐ 産業などの統計を使った
  問題に対応できるか

例題 ◀地形図の読み取り▶

■　次の図は，静岡県牧之原市の地形図（2万5千分の1）の一部である。図の範囲から読み取れることとして最も適切なものを，後のア〜エから1つ選び，記号で答えなさい。

(山口県)

図

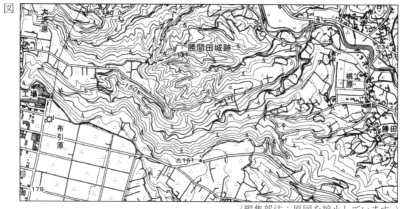

（編集部注：原図を縮小しています。）

ア　「勝間田城跡」から見下ろすと，「布引原」付近の茶畑がよくみえる。
イ　「勝間田城跡」周辺の森林は，針葉樹林よりも広葉樹林が多くみられる。
ウ　二つの三角点の地図上の直線距離は約4cmなので，実際の距離は約2kmである。
エ　「桃原」の西側には，谷に位置する果樹園がいくつかみられる。

解説

ア　「勝間田城跡」は，標高が120mから130mの地点にあり，「布引原」の標高は170m以上あるため，**布引原の方が標高が高く，茶畑の様子は見えにくい。**
イ　**針葉樹林の地図記号の数の方が広葉樹林よりも多い。**
ウ　地形図の縮尺が2万5千分の1のため，25000×4より，地図上の約4cmは実際には約100000cmとなり，**「約1km」**にあたる。

解答　エ

例題 ◀自然地形・災害▶

■　次の文を読んで，後の各問いに答えなさい。　　　　　　　　　　　(比叡山高)

　　地球の表面において，土地が盛り上がったり沈んだりすることが活発に起こり，山地や山脈が連なっているところは (a)造山帯と呼ばれます。日本列島はある造山帯に位置しているため地震が多く，各地に分布する火山の活動も活発です。(b)災害を引き起こす地震や豪雨，台風などの自然現象そのものを止めることはできません。国や都道府県，市区町村などが災害時に被災者の救助や支援を行うことを（　　）といいます。災害時には交通機関などがまひし自宅に帰ることができない帰宅困難者が多く出ることが予想されます。その対策として東京都の企業では従業員のための水や食料などを備蓄することが定められています。

(1)　文中（　　）にあてはまる語句として正しいものはどれか，次のア～ウから1つ選び，記号で答えなさい。

　　ア　自助　　イ　共助　　ウ　公助

(2)　下線部(a)について，日本列島が位置している造山帯について述べた文として正しいものはどれか，次のア～エから1つ選び，記号で答えなさい。

　　ア　アルプス・ヒマラヤ造山帯といい，活発な地震活動や火山活動がみられます。

　　イ　アルプス・ヒマラヤ造山帯といい，アンデス山脈がこの造山帯に含まれます。

　　ウ　環太平洋造山帯といい，ピレネー山脈がこの造山帯に含まれます。

　　エ　環太平洋造山帯といい，活発な地震活動や火山活動がみられます。

(3)　下線部(b)について，多くの都道府県や市区町村では自然災害による被害の可能性や，災害発生時の避難場所などを示した地図を作成しています。この地図を何というか，カタカナで答えなさい。

解説

(1)**公助**・・・具体的には消防・警察・自衛隊などの公的機関による救助や援助のことを指す言葉。

　　自助・・・災害時に公助に頼るだけではなく，自らの力で自分自身や家族を守ることを指す言葉。

　　共助・・・災害時に住民どうしが協力して助け合うことを指す言葉。

(2)ア　**アルプス・ヒマラヤ造山帯**は，おもにヨーロッパ州からアジア州にまたがる造山帯で，ピレネー山脈やアトラス山脈などが含まれる。

　　イ　南アメリカ大陸に位置するアンデス山脈や日本列島は，**環太平洋造山帯**に含まれている。

　　ウ　「ピレネー山脈」はスペインとフランスの国境付近に連なる山脈。

(3)　1980年代からつくられ始め，現在では「ハザードマップポータルサイト」から各地域のハザードマップが入手できるようになっている。

解答　(1)　ウ　　(2)　エ　　(3)　ハザードマップ

例題 ◀日本の気候①▶

■ 図中のA県について，次の文章中の空らん
（　　）に当てはまる語句を，ひらがな3字で
答えなさい。　　　　　　　　（羽衣学園高）

　東北地方の気候は，冬の日本海側では多雪と
なり，太平洋側では日本海側より雪が少なく日
照時間が長くなります。一方，梅雨明け後，太
平洋側では（　　）とよばれる冷たく湿った北
東風が吹き込みます。（　　）が長く続くと，
日照不足と低温から稲の生育が遅れて冷害が起
こりやすくなります。

図

解説

　「やませ」は，北海道の南部，東北地方の東（三陸海岸沖）を北から南へと流れる**寒流**の
千島海流（親潮）の上を吹く，冷たくしめった北東風。**濃霧**が発生しやすく，日光がさえ
ぎられるため，「やませ」の吹く地域では日照時間が短くなり，気温が低くなる傾向にある。

解答　やませ

例題 ◀日本の気候②▶

■ 次のA～Cの雨温図が示す都市はどこか。正しい組み合わせを後のア～エから1つ
選び，記号で答えなさい。（雨温図は気象庁発表の1991年～2020年のデータを基に作
成されたもの）　　　　　　　　　　　　　　　　　　　　　　　　（大阪体育大浪商高）

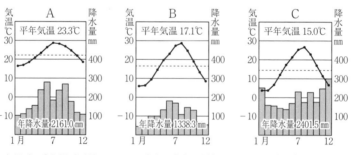

ア　A：鹿児島（鹿児島県）　　B：高松（香川県）　　C：仙台（宮城県）

イ　A：那覇（沖縄県）　　　　B：大阪（大阪府）　　C：金沢（石川県）

ウ　A：高知（高知県）　　　　B：京都（京都府）　　C：札幌（北海道）

エ　A：福岡（福岡県）　　　　B：東京（東京都）　　C：盛岡（岩手県）

解説

　Aは平年気温が高く，冬でも高温なことから**南西諸島の気候**，Bは年降水量が少なく，
冬でも温暖なことから**瀬戸内の気候**，Cは冬の降水量（降雪量）が多いことから**日本海側
の気候**と判断できる。

解答　イ

例題 ◀産業に関する統計を使った問題▶

■　次の【資料】は，全国の工業出荷額にしめる，おもな工業地帯・地域の工業出荷額の
割合（2014年）を示したものであり，XとYは，それぞれ中京工業地帯，北関東工業地
域のいずれかである。【資料】に関連して述べた文として最も適当なものを，後のア～エ
の中から1つ選び，記号で答えなさい。　　　　　　　　　　　　　　　　　　　　（佐賀県）

【資料】

				東海 5.3		北九州 2.8	
X 19.5%	京浜 17.1	阪神 11.3	瀬戸内 10.1	Y 9.2			その他 20.5

北陸 4.2

（『新詳地理資料COMPLETE2021』より作成）

ア　Xは中京工業地帯で，繊維関連工場が集まっており，繊維製品が中京工業地帯の工
　業出荷額の大半をしめている。

イ　Xは北関東工業地域で，繊維関連工場が集まっており，繊維製品が北関東工業地域
　の工業出荷額の大半をしめている。

ウ　Yは中京工業地帯で，高速道路などの交通網が発達し，電気機械などの工場が集まっ
　ている。

エ　Yは北関東工業地域で，高速道路などの交通網が発達し，電気機械などの工場が集
　まっている。

解説

　　Xは工業出荷額割合が日本最大となっているので，自動車などの輸送機械の生産がさか
んな**中京工業地帯**とわかる。なお，中京工業地帯は愛知県を中心に三重県や岐阜県にも広
がっている。

　　Yの**北関東工業地域**は，内陸県の群馬県・栃木県と埼玉県・茨城県の一部に広がっている。
広い工場用地があり，機械の組み立て工場などが多く進出している。

【他の工業地帯・地域について】

　京浜工業地帯 ･･･ 大正時代に東京湾の西部を埋め立てて造られた工業地帯。当時は，
　　　　　　　　　　重工業を中心に発展し，長く日本の工業の中心を担ってきた。2019年
　　　　　　　　　　の製造品出荷額は，中京工業地帯や阪神工業地帯，瀬戸内工業地域，
　　　　　　　　　　北関東工業地域よりも少なく，1990年と比べてもその額は半分ほどに
　　　　　　　　　　落ち込んでいる。

　阪神工業地帯 ･･･ 繊維工業がさかんだったことから「東洋のマンチェスター」と呼ば
　　　　　　　　　　れた大阪を中心に栄えたが，現在は金属工業を中心に重化学工業の出
　　　　　　　　　　荷額割合が全体出荷額の7割を超えている。大阪湾沿岸の堺市や神戸
　　　　　　　　　　市だけではなく，内陸部の東大阪市や門真市などの工業都市も発達し
　　　　　　　　　　ている。

　北九州工業地域 ･･･明治時代に操業を開始した**八幡製鉄所**を中心に栄えた。**エネルギー
　　　　　　　　　　革命**などが要因となり，現在は製造品出荷額も少ない。

解答　エ

STEP UP

1 地図を見て，後の各問いに答えなさい。　　　　　　　　　　　　　　　　　　（近江兄弟社高）

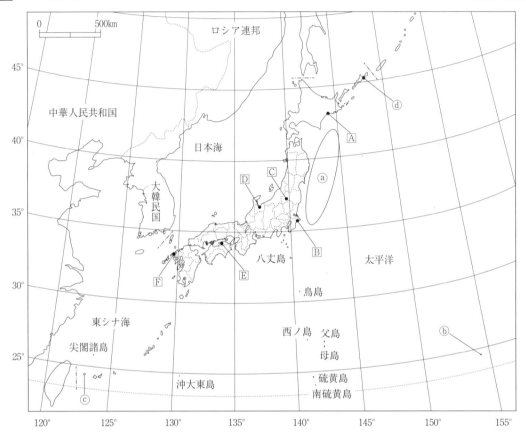

(1) ＡやＢでは，漁業が盛んに行われています。その理由の一つとして，地図中ⓐの場所が寒流と暖流がぶつかる好漁場であることがあげられます。このような場所を何というか，漢字で答えなさい。

(2) ⓑは，日本の領土の東端です。この島の名称を，漢字で答えなさい。

(3) ⓑで午前5時30分に日の出が観測された日の，ⓒでの日の出のおおよその時刻として適切なものを，次のア〜エから1つ選び，記号で答えなさい。

ア　午前4時30分　　　イ　午前5時30分　　　ウ　午前6時30分　　　エ　午前7時30分

(4) ⓓは，日本の領土の北端です。この場所と同じ北緯45度の緯線が通る国として適切なものを，次のア〜エから1つ選び，記号で答えなさい。

ア　メキシコ　　　イ　フランス　　　ウ　イギリス　　　エ　ブラジル

(5) 次の地形図はＥの一部にあたります。この地域の特徴を説明した文として適切なものを，後のア〜ウから1つ選び，記号で答えなさい。

　ア　池が多いのは，近くの果樹園で非常に多くの水を使うことから，この地域のように降水量が
　　　多い地域であっても，人工的な池を作る必要があるからである。

　イ　池が多いのは，この地域の土壌が石灰岩でできており，雨によって浸食されやすいので自然
　　　にくぼ地ができ，そこに水がたまるためである。

　ウ　池が多いのは，この地域は非常に雨が少なく，生活や農業のためにため池をつくらなければ
　　　水不足におちいることが多いからである。

(6)　右の資料１は，魚から卵を採取して孵化させて育てた稚魚を，海に放流　　　資料１
　している様子です。また，次の表のⅠ・Ⅱ・Ⅲには，地図の A・D・F のい
　ずれかが入ります。Ⅰに入る記号と，漁業形態の名称の組み合わせとして
　適切なものを，後のア〜カから１つ選び，記号で答えなさい。　　□

表

場所	Ⅰ	Ⅱ	Ⅲ
放流する主な魚種	サケ・ウニ	クロダイ・ヒラメ	サバ・トラフグ

　ア　場所：A　形態：養殖漁業　　　イ　場所：D　形態：養殖漁業

　ウ　場所：F　形態：養殖漁業　　　エ　場所：A　形態：栽培漁業

　オ　場所：D　形態：栽培漁業　　　カ　場所：F　形態：栽培漁業

(7)　次の資料２，資料３は，地図の C で作られています。その地域に古くから伝わり，一般的には
　日常生活で使うために手工業により製造されるもののうち，経済産業大臣の指定を受けたものを
　何というか，漢字６字で答えなさい。　　□

　　　　　資料２　赤べこ　　　　　　　　資料３　会津塗

2 チエさんとリュウジさんは授業で災害について学び，自分たちでよりくわしく調べることにした。次の日本地図を見て，後の各問いに答えなさい。　　　　　　　　　　　　　　　　　　（精華女高）

(1) チエさんとリュウジさんは，日本の中でも地域によって気候はことなっており，発生する自然災害には違いがあるため，それぞれに合わせた対策が必要であることを学んだ。右の資料は地図中 A の地域に見られる住宅であり，①・②はその特徴を示したものである。なぜこのような工夫が行われているのか，それぞれの理由を簡単に説明しなさい。

①傾斜のついた屋根

②二重の玄関

① _____

② _____

(2) チエさんとリュウジさんは，地図中 B のある地域では，昔から災害に対して土地を守る工夫がされていることに注目した。次の資料1に示される Y の地域は，洪水が発生しやすい地域であるため，輪中（わじゅう）といわれる伝統的な工夫をしている。輪中について，資料2を参考に簡単に説明しなさい。

_____

資料1

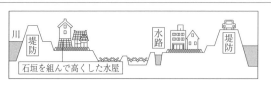

資料2

3　次の文章を読んで，後の各問いに答えなさい。　　　　　　　　　　　　　　　　　(大阪商大高)

　日本列島は，（ ① ）(季節風)の影響で，温帯の中でも特に春夏秋冬の四季がはっきりしている。さらに，南北に長いため，南の_a沖縄と北の北海道では_b気候が大きく異なる。本州の中央部にある飛騨，木曽，赤石山脈の東側には新潟県糸魚川と静岡県を南北に走る（ ② ）(大地溝帯)を境として，東日本と西日本に分かれる。このような多様な気候や地形の特色を生かして，_c日本各地には様々な独自の文化が形成されている。

(1)　（ ① ）・（ ② ）に適する語句を，それぞれカタカナで答えなさい。

　　①　　　　　　　　　　　②

(2)　下線部 a に関して，沖縄県に属する日本最西端の島を，次より選び，記号で答えなさい。

　ア　択捉島　　イ　南鳥島　　ウ　沖ノ鳥島　　エ　与那国島

(3)　下線部 b に関して，次のア～ウの雨温図で，中央高地の気候に適するものを1つ選び，記号で答えなさい。

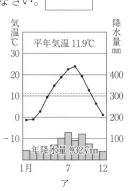 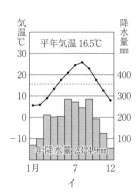 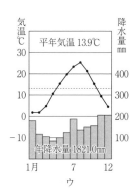

(4)　下線部 c に関して，次の各問いに答えなさい。

　①　中国・四国地方に関する文章として，正しいものを1つ選び，記号で答えなさい。

　　ア　四国は，近年集積回路(IC)の工場が多く進出し，「シリコンアイランド」と呼ばれる。

　　イ　瀬戸内海の温暖な気候を利用した，リンゴの栽培が盛んである。

　　ウ　山陰地方や南四国の町や村では，若い労働力が都市へと流出して人口が減少する過疎化が進んでいる。

　　エ　中国地方と四国地方の間には本州四国連絡橋が建設されたため，船による移動は全く行われなくなった。

　②　東北地方の産業や伝統工芸に関して，誤っているものを1つ選び，記号で答えなさい。

　　ア　コメの生産が盛んな日本海側では，夏に吹く冷たい北西風の「やませ」による冷害が問題となった。

　　イ　三陸海岸は，漁港に適したリアス海岸があり，養殖業なども含めて漁業が盛んである。

　　ウ　秋田県では，稲穂をかたどった竿燈をあげて豊作を願う竿燈祭りがおこなわれている。

　　エ　東北地方は，山形県のサクランボ，福島県のモモなど，果樹栽培が盛んである。

4　次の各問いに答えなさい。　　　　　　　　　　　　　　　　　　　　　　　　　　　　　（三重県）

(1)　略地図に示した岩手県について述べた文はどれか，後のア～エから最も適当なものを1つ選び，
その記号を答えなさい。□

〈略地図〉

ア　ねぶた祭が開催され，津軽塗が伝統的工芸品に指定されている。

イ　中尊寺金色堂が国宝に，南部鉄器が伝統的工芸品にそれぞれ指定されている。

ウ　国宝・重要文化財の指定件数が全国1位で，西陣織が伝統的工芸品に指定されている。

エ　花笠まつりが開催され，天童将棋駒が伝統的工芸品に指定されている。

(2)　略地図に示した千葉県にある，貿易額が全国1位の国際空港を何というか，その名称を答えな
さい。□国際空港

(3)　資料1は，略地図に ⬭ で示したあたりに広がる瀬戸内工業地域と，全国の，2017年におけ
る工業別の製造品出荷額の割合を示したものであり，資料1のA～Dは，機械工業，化学工業，
食料品工業，繊維工業のいずれかである。資料1のBにあてはまる工業として最も適当なものは
どれか，後のア～エから1つ選び，その記号を答えなさい。□

〈資料1〉

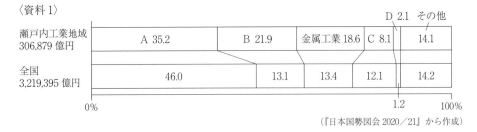

ア　機械工業　　イ　化学工業　　ウ　食料品工業　　エ　繊維工業

(4)　略地図に示した北海道の農業について述べた文はどれか，次のア～エから最も適当なものを1
つ選び，その記号を答えなさい。□

ア　泥炭地に農業に適した土を運び入れて土地を改良し，全国有数の米の生産地になっている。

イ　日本最大級の砂丘が広がり，なしやらっきょうの栽培がさかんである。

ウ　夜間に照明を当てて生育を遅らせる方法で，菊の生産量は全国1位となっている。

エ　みかんや梅の栽培がさかんで，生産量は，ともに全国1位である。

(5)　資料2は，略地図に示した岩手県，千葉県，鹿児島県における農業産出額の割合を示したものであり，資料2のX～Zは，米，野菜，畜産のいずれかである。資料2のX～Zに当てはまる項目の組み合わせはどれか，次のア～カから最も適当なものを1つ選び，その記号を答えなさい。

ア　X―米　　　Y―野菜　　　Z―畜産

イ　X―米　　　Y―畜産　　　Z―野菜

ウ　X―野菜　　Y―米　　　　Z―畜産

エ　X―野菜　　Y―畜産　　　Z―米

オ　X―畜産　　Y―米　　　　Z―野菜

カ　X―畜産　　Y―野菜　　　Z―米

〈資料2〉

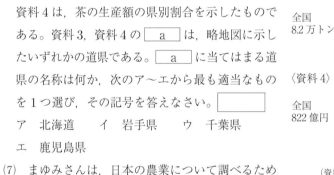

〔注：数値は2018年のもの〕
（『データでみる県勢2021』から作成）

(6)　資料3は，茶の生産量の県別割合を示したもの，資料4は，茶の生産額の県別割合を示したものである。資料3，資料4の　a　は，略地図に示したいずれかの道県である。　a　に当てはまる道県の名称は何か，次のア～エから最も適当なものを1つ選び，その記号を答えなさい。

ア　北海道　　イ　岩手県　　ウ　千葉県

エ　鹿児島県

〈資料3〉

静岡県　　　　　　　三重県7.2　その他

全国
8.2万トン　　36.1　　　a　34.3　　22.4

0%　　　　　　　　　　　　　　　　100%

〈資料4〉

静岡県　三重県8.0　その他

全国
822億円　　a　31.2　　28.2　　32.6

0%　　　　　　　　　　　　　　　　100%

〔注：数値は2019年のもの〕
（資料3，資料4は，農林水産省Webページから作成）

(7)　まゆみさんは，日本の農業について調べるために，いくつかの資料を集めた。資料5は，日本の農業就業人口の推移を示したもの，資料6は，日本の年齢別の農業就業人口の割合の推移を示したものである。日本の農業には，どのような課題がみられるか，その1つとして考えられることを，資料5，資料6から読み取り，書きなさい。

〈資料5〉

	農業就業人口（千人）
1994 年	4,296
1999 年	3,845
2004 年	3,622
2009 年	2,895
2014 年	2,266
2019 年	1,681

〈資料6〉

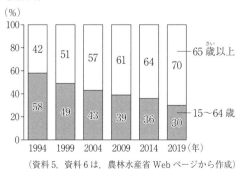

（資料5，資料6は，農林水産省Webページから作成）

③ 地理総合

※おさえておきたい重要項目

❀世界と日本のつながりを
考える必要があるテーマ❀

□ 貿易の特徴

□ 資源やエネルギーについて

□ 環境問題

□ 人口や食糧の問題

□ オリンピックのような
　国際的イベント　　など

例題 ◀貿易・資源における世界と日本▶

■ 次の資料，略地図から読み取れることとして適切なものはどれか。後のア〜エから1つ選び，記号で答えなさい。
(滋賀県)

資料　日本の鉄鉱石・石炭の輸入先上位
　　　4か国と輸入量（万t）（2019年）

鉄鉱石		石炭	
国名	輸入量	国名	輸入量
オーストラリア	6,852	オーストラリア	10,926
ブラジル	3,148	インドネシア	2,814
カナダ	744	ロシア	2,018
南アフリカ	343	アメリカ	1,326
その他	869	その他	1,534
合計	11,956	合計	18,618

［「データブック　オブ・ザ・ワールド 2021」より作成］

略地図

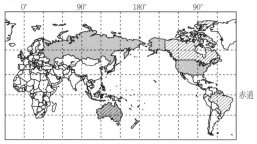

※ ▨：資料の鉄鉱石の輸入先上位4か国
※ ▨：資料の石炭の輸入先上位4か国

ア　鉄鉱石の輸入先上位4か国は，いずれも大西洋に面している。

イ　石炭の輸入先上位4か国のうち，東経135度の経線が通るのはロシアだけである。

ウ　鉄鉱石・石炭のいずれも，輸入量の合計にしめるオーストラリアの割合は 50%以下である。

エ　鉄鉱石・石炭のいずれも，輸入量の合計にしめる輸入先上位 4 か国の割合は 90%以上である。

解説

ア　オーストラリアは太平洋やインド洋には面しているが，**大西洋には面していない**。

イ　アメリカは**西半球に位置する国**であり，東経135度の経線は通っていない。

ウ　輸入量の合計にしめるオーストラリアの割合は，**鉄鉱石が約57%，石炭が約59 %**となっている。

解答　エ

例題 ◀地球環境問題▶

■　将来の世代を考えて経済成長と環境保全を両立させていく「持続可能な社会」という考え方が広まっている。日本の「持続可能な社会」に関係する説明文として誤っているものを，次のア～エから１つ選び，記号で答えなさい。　　　　　　　　　（九州国際大付高）

ア　不要になった携帯電話やパソコンなどからレアメタルや金を取り出し，鉱山資源のリサイクル事業をおこなっている。

イ　産業資源が乏しいため，国内の限りある資源利用を節制して，海外から多くの産業資源を輸入し，国内の産業資源の維持に努めている。

ウ　2015年に国連でSDGs（持続可能な開発目標）が採択されてから，多くの小中学校で，その解決と実現に向けたプログラムを教育活動に取り入れている。

エ　高い技術力によって排気ガスを出さない電気自動車の普及や消費電力の少ない家電製品の開発が進み，国内の普及だけでなく他国にも提供されている。

解説

　持続可能な社会の実現には，地球規模で自然環境が適切に保全される必要がある。
　よって，「イ」のように，日本だけが資源の維持が可能となるような取り組みは誤っているといえる。

解答　イ

例題 ◀人口などで比較した世界と日本▶

■　日本とEU，中国，アメリカ合衆国を比較したいと考え，人口，GDP，面積，貿易額に関して，4つの国・地域の合計に占めるそれぞれの割合を表した次の資料を作成した。面積とGDPを表したものを，資料のア～エからそれぞれ1つずつ選び，記号で答えなさい。
　　　　　　　　　　　　　　　　　　　　　　　　　　　　　　　　　（福岡舞鶴高）

資料

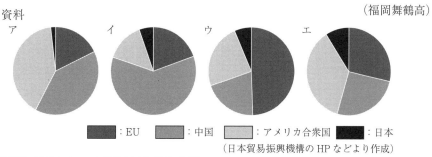

■：EU　　■：中国　　□：アメリカ合衆国　　■：日本
（日本貿易振興機構のHPなどより作成）

解説

　面積・・・中国とアメリカ合衆国の国土面積はほぼ同じなので，割合もほぼ同じグラフを選ぶ。また，日本の割合が極端に小さいこともヒント。
　GDP・・・アメリカ合衆国が最大となっているが，近年の経済成長が著しい中国も近づいている点に注目する。
　なお，イは人口，ウは貿易額を表している。

解答　（面積）ア　　（GDP）エ

STEP UP

1　次の各問いに答えなさい。　　　　　　　　　　　　　　　　　　　　　　　（奈良大附高）

(1)　アジアについて，次の問いに答えなさい。

①　次の表は，マレーシア・タイ・インドネシアの輸出品の割合を示している。インドネシアを表すものとして正しいものを１つ選び，記号で答えなさい。　　　　

ア	％	イ	％	ウ	％
機械類	42.3	機械類	31.4	石炭	12.1
石油製品	7.4	自動車	12.8	パーム油	11.0
パーム油	4.5	プラスチック	4.2	機械類	8.6
天然ガス	4.3	その他	51.6	天然ガス	5.2
その他	41.5			衣類	4.9
				その他	58.2

（「世界国勢図会」2016／17年から作成）

②　右のグラフは，ある農産物の生産量の割合を示している。あてはまる農産物として正しいものを１つ選び，記号で答えなさい。　　　　

ア　綿花　　イ　茶　　ウ　小麦　　エ　米

③　インドの人々の約80％が信仰している宗教は何か，答えなさい。　　　　教

④　近年，インドでは情報通信技術関連産業が急速に成長している。その背景として，数学の教育水準が高いことなどが挙げられる。下線部をアルファベット３字で答えなさい。　　　　

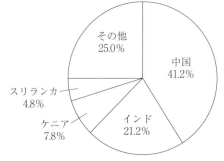

（「世界国勢図会」2016／17年から作成）

(2)　北アメリカ州について，次の問いに答えなさい。

①　右の地図は，アメリカの農業分布を示している。Ｘの経度として正しいものを１つ選び，記号で答えなさい。　　　　

ア　西経20度　　　　イ　西経75度

ウ　西経100度　　　エ　西経135度

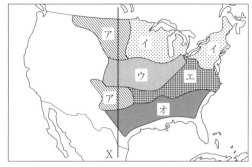

②　次の農業地帯を地図中のア～オから１つずつ選び，記号で答えなさい。ただし，同じ記号は同じ農業地帯を表わしている。

1　酪農　　　　　　2　小麦　　　　　　3　綿花　　　　　　4　とうもろこし　　　　

③　アメリカには，世界中に支社を置いて活動している企業が多くある。このような企業の名称を漢字５字で答えなさい。

(3) 右の地図を見て，次の問いに答えなさい。

① 関東地方に吹く「からっ風」とよばれる乾燥した風の吹く方向を表わす矢印として正しいものを1つ選び，記号で答えなさい。　　　　　

② 関東地方の台地をおおっている，火山灰が堆積した赤土を何というか，答えなさい。

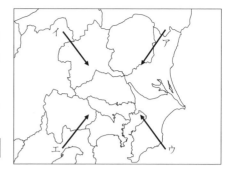

(4) 次の地形図を見て，後の問いに答えなさい。

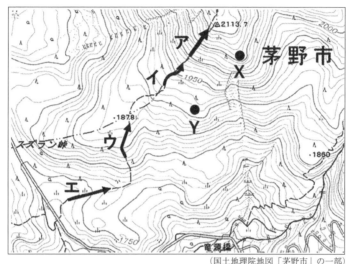

(国土地理院地図「茅野市」の一部)

① 地形図中のア～エは，登山経路を示しており，それぞれの矢印は進行方向を示している。次の説明文にあてはまる経路として正しいものを1つ選び，記号で答えなさい。　　　　　

はじめはゆるやかな登りだが，途中から急な登りになっている。

② 地点XとYの標高差として正しいものを1つ選び，記号で答えなさい。　　　　　

ア　約75m　　イ　約150m　　ウ　約225m　　エ　約300m

(5) 次の文の（　）に当てはまる語句を答えなさい。ただし，（　）には同じ語句が入る。

　　　　　

東海地方から四国の南方，九州の東方にかけて海底がくぼんだ溝のようになっているところがあり，南海（　）とよばれている。ここでは，マグニチュード8～9級の南海（　）巨大地震が30年以内に発生する確率が高いといわれている。

(6) 右の地図記号が表わすものは何か，答えなさい。　　　　　

(7) 2021年7月に世界自然遺産に登録された，奄美大島が属している都道府県名を答えなさい。　　　　　

2 次はダイシさんたちのグループが社会科の学習で，北海道地方について調べ，まとめたものの一部です。これを見て，後の問いに答えなさい。

(東海大付福岡高)

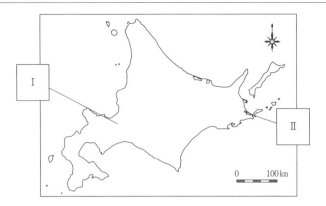

　北海道は豊かな自然と文化を生かした産業に力を入れています。その代表的なものが₁自然や歴史的遺産などを資源とした観光産業で，北海道の各地に国内外から多くの観光客が訪れます。また，農林水産業でも，₂地形や気候に適した農業を行ったり，水産物の安定した生産を目指す取り組みを行ったりしています。

(1)　地図中の Ⅰ は北海道の県庁所在地を示しています。北海道の県庁所在地を解答欄に合わせて漢字で答えなさい。　　　　　　　　　　市

(2)　地図中の Ⅱ は北海道の根室を示しています。次のア～エの説明は根室，小樽，帯広，釧路の説明です。根室の説明として最も適するものを1つ選び，記号で答えなさい。　　　　　

　ア　明治時代以来，漁港の町として水あげ量の多さをほこる。

　イ　牛乳からバターやチーズを作る工場が多く見られる。

　ウ　さんまなどの魚介類を加工・保存する缶づめ工場の立地が見られる。

　エ　かつて，多くの労働者が働く炭鉱が開発された。

(3)　下線部1について，①・②の問いに答えなさい。

①　次の文は北海道の海流と気候の関連についてまとめた文です。文中の空欄【 A 】～【 D 】に当てはまる語句の組み合わせとして最も適するものを，下のア～エから1つ選び，記号で答えなさい。　　　　　

　　北海道内では，南北にのびる山地を境にして，気候にちがいが見られます。日本海側では冬になると，北西の季節風が日本海を流れる【 A 】である【 B 】の影響で多くの水蒸気をふくみ，山地に当たって雪を降らせます。一方，太平洋側では，夏のしめった南東の季節風が【 C 】の【 D 】の影響を受けて冷やされ，沿岸地域で濃霧が発生します。

　ア　A…寒流　　　B…対馬海流　　　C…暖流　　　D…千島海流

　イ　A…暖流　　　B…対馬海流　　　C…寒流　　　D…千島海流

　ウ　A…寒流　　　B…千島海流　　　C…暖流　　　D…対馬海流

　エ　A…暖流　　　B…千島海流　　　C…寒流　　　D…対馬海流

②　次の文は，アキヒトさんが北海道の歴史についてまとめたメモです。文中の空欄（ 1 ）～（ 3 ）に当てはまる語句をそれぞれ答えなさい。

　　1　　　　　　　　　2　　　　　　　　　3

　　右の写真はアットゥシといい，北海道の（　1　）という先住民の伝統的な衣服である。北海道では（　1　）が主に狩りや漁をして生活をしていたが明治時代になると日本政府は北海道に（　2　）という役所を置き，北方警備を担うために派遣された（　3　）などの人々により，大規模な開拓が行われた。

(4)　下線部2について，北海道の地形や農業について次の①～③の問いに答えなさい。

①　北海道はもともと稲作に不向きな地域だったが，水田に適した土を他の地方から運び入れて土地を改良しました。このように，他の地方から土を運び入れることを何というか，漢字2字で答えなさい。□□□□□□

②　北海道地方の生活に関して述べた次の文中の【　X　】・【　Y　】に入る語句の組み合わせとして最も適するものを，下のア～エから1つ選び，記号で答えなさい。□□□□□

　　右の写真の標識は，【　X　】を示したものであり，冬に自動車が安全に通行できるための工夫がなされている。また，この地方特有の自然環境を観光に活用する例もみられ，オホーツク海沿岸では【　Y　】を見学するツアーが行われている。

ア　X…急な上り坂　　Y…流氷　　イ　X…急な上り坂　　Y…有珠山
ウ　X…路肩の位置　　Y…流氷　　エ　X…路肩の位置　　Y…有珠山

③　次の表から読み取れることとして最も適切なものを，下のア～エから1つ選び，記号で答えなさい。□□□□□

〔表〕　地方ごとの畜産産出額（平成30年）　　（単位：億円）

地方	肉用牛	乳用牛	豚	鶏	その他	地方別合計
九州	3,348	830	1,949	2,583	41	8,751
北海道	1,016	5,026	439	357	509	7,347
関東	684	1,300	1,637	1,480	32	5,133
東北	1,042	706	978	1,680	40	4,446
その他	1,326	1,477	1,101	2,899	109	6,912
品目別合計	7,416	9,339	6,104	8,999	731	32,589

（総務省統計局ウェブサイト掲載資料をもとに作成）

ア　北海道の「地方別合計」は，「地方別合計」の総額の5割を上回っている。
イ　「鶏」の「品目別合計」は，「品目別合計」の総額の5割を上回っている。
ウ　北海道の「豚」は，北海道における畜産の品目の中で，最も産出額が大きい。
エ　九州の「肉用牛」は，他の地方における肉用牛の産出額と比べたとき，最も産出額が大きい。

(5)　アヤさんの班では，「北海道と同じ緯度と経度にある国の様子」というテーマを設定し，次の〔地図〕を作成し，話し合いました。これについて①～④の問いに答えなさい。

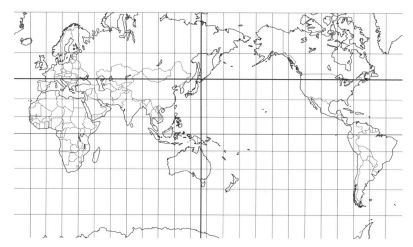

　ア　ヤ：北海道の県庁所在地と同じ北緯43度，東経141度の経線を太線で引いてみるとこうなる
　　　　　ね。同じ緯度としては₃アメリカや₄フランスを通ってるね。

コウジ：そうだね。経線としては₅オーストラリアや₆ロシアを通ってるね。

①　下線部3について，アメリカ合衆国はカナダ・メキシコと経済的な結びつきを強めています。
　　この協定を何というか，アルファベット5字で答えなさい。　＿＿＿＿＿

②　下線部4について，次のア～エは，日本，フランス，カナダ，ロシア連邦のいずれかの発電
　　量の内訳である。フランスに当てはまるものとして最も適するものを1つ選び，記号で答えな
　　さい。　＿＿＿＿

［資料］　主要国の発電電力量（2018年）

国名	発電電力量(億kWh)						
	石炭	石油	天然ガス	原子力	水力	その他	総発電量
中国	47728.6	107.5	2239.7	2950.0	12321.0	6471.3	71818.0
アメリカ	12721.5	429.3	15192.2	8413.3	3170.0	4628.1	44554.4
ア	1779.1	80.1	5275.9	2045.7	1930.3	39.9	11150.9
イ	3387.9	518.2	3779.1	649.3	883.5	1359.5	10577.5
ウ	505.3	61.1	631.1	1007.3	3859.5	479.6	6544.0
ドイツ	2389.7	51.9	834.3	760.1	241.4	2154.3	6431.6
エ	106.5	60.0	305.9	4129.4	705.9	511.8	5819.4
ブラジル	232.9	125.3	546.2	156.7	3889.7	1062.9	6013.7
世界	101596.5	7837.0	61502.0	27104.3	43251.1	26009.8	267300.7

（JAERO ウェブサイト掲載資料を基に作成）

③　下線部5について，オーストラリアでは，20世紀初めから1970年代にかけて，ヨーロッパ
　　系以外の移民が制限されました。このことを何というか，漢字4字で答えなさい。

　　　　　　　　　　　　　　　　　　　　　　　　　　　　　　　　＿＿＿＿＿＿＿

④　下線部6について，ロシアの国土の中央部に広がる針葉樹の森林を何というか，カタカナで
　　答えなさい。　＿＿＿＿＿

出題率 社会 歴史・・・出題率グラフ

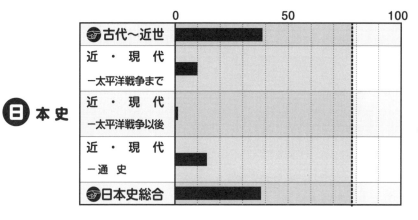

① 日本史(古代〜近世)

❖おさえておきたい重要項目

> ❖日本の古代史〜近世史を
> 復習するときの注目テーマ❖
>
> □ 人物史
> □ 外交史
>
> □ 時代を限定した問題
> 　(特に江戸時代史)
> □ 土地制度史
> □ 文化史　　など

例題 ◀人物史▶

■　次の各文に登場する「私」は,各時代に活躍した人物である。各文を読み,後の問いに答えなさい。
(京都精華学園高)

A　私は摂政として,推古天皇や蘇我馬子とともに天皇中心の政治を進めた。冠位十二階や十七条憲法は私たちが政治をしていたころに出したものである。

B　私が使ったものの一部は①正倉院に保管されている。仏教の力によって国家を守ろうとして,国ごとに国分寺や国分尼寺をつくらせた。

C　私が執権をつとめているときに,中国大陸から②元が2度,日本に攻めてきた。2度の元の侵攻は,暴風雨などの影響もあって,撤退させることができた。

(1)　A〜Cの各文に登場する「私」は誰か,答えなさい。

(2)　下線部①はある寺の敷地内にある。この寺の名称を答えなさい。

(3)　下線部②について,この時の元の皇帝を答えなさい。

解説

(1)A　**遣隋使**の派遣にも関わり,中国の進んだ制度や文化などを取り入れようとした。また,大阪に四天王寺を,奈良の斑鳩に**法隆寺**を建てるなどし,仏教をさかんにすることにも力を入れた。

B　都の東大寺には大仏をつくらせた。また,**墾田永年私財法**を出し,開墾地の永久私有を認めた。

C　鎌倉幕府の8代執権。「2度」とは,1274年の文永の役,1281年の弘安の役のことを指している。

(2)　総国分寺として建てられた寺院。正倉院は,校倉造で建てられた倉庫で,仏具や文書などが納められている。

(3)　モンゴル帝国を建国したチンギス・ハンの孫。

解答　(1)A　聖徳太子(または,厩戸王)　　B　聖武天皇　　C　北条時宗
(2)　東大寺　　(3)　フビライ・ハン

例題 ◀時代を限定した問題（江戸時代）▶

■　次の A 〜 D の江戸時代の政治改革についての文章のなかで，それぞれ誤っているところが 1 か所あります。ア〜エから 1 つ選び，記号で答えなさい。　　（大阪体育大学浪商高）

A　第 8 代将軍徳川吉宗は武士に質素・倹約を命じ，ァ上げ米の制を定めた。米の値段の安定に努め，代官などにィ有能な人材を登用し，新田の開発をすすめた。また，ゥ武家諸法度という裁判の基準となる法律を定めたり，庶民の意見を聞くェ目安箱を設置した。吉宗の改革により，幕府の財政は一時的に立ち直った。

B　老中になった田沼意次は，商工業者がァ座を作ることを奨励し，ィ特権を与えるかわりに税をとった。また，ゥ蝦夷地の調査を行い，俵物の輸出を拡大した。この時代には，商工業が活発になり，自由な風潮の中で学問や芸術が発達したが，ェ地位や特権を求めてわいろが公然と横行し，結局，意次は老中を辞めさせられた。

C　江戸や大坂で大規模な打ちこわしがおこる中で老中になった松平定信は，これまでの混乱した政治を改めるために幕政改革を始めた。凶作やききんに備えるため，各地にァ倉を設けて米をたくわえさせ，ィ江戸などに出てきていた農民を故郷に帰した。また，江戸の湯島に昌平坂学問所をつくり，ここではゥ国学以外の学問を教えることを禁じ，試験を行って有能な人材の登用を図った。さらに，旗本や御家人がェ札差からしていた借金を帳消しにした。

D　老中の水野忠邦は幕府の力を回復させるため，倹約令を出してァ町人の派手な風俗を取りしまり，政治批判や風紀を乱す小説の出版を禁止した。また物価の上昇をおさえるため，営業を独占していたィ株仲間を解散させ，ゥ江戸に出かせぎに来ている農民を故郷の村に帰らせた。さらにェ江戸や大坂周辺の農村を天皇の領地にしようとしたが，強い反対にあい，改革の開始からわずか 2 年余りで老中を辞めさせられた。

解説

A　ウの「武家諸法度」は，公事方御定書の誤り。
　　武家諸法度は，江戸幕府が大名を統制するために制定した法令で，文武両道を奨励したり，自由な結婚の禁止などの項目を定めていた。また，1635 年には，3 代将軍徳川家光によって参勤交代の制度も武家諸法度に義務づけられた。

B　アは「座」ではなく，株仲間が正しい。
　　座は，中世（主に鎌倉・室町時代）に結成された同一業者による組合のこと。公家や寺社などに保護してもらう代わりに営業税を支払い，特権を得ていた。織田信長は座の特権を否定し，新興商人の自由な経済活動を認めるために「楽市・楽座」を行った。

C　ウの「国学」は，朱子学の誤り。
　　国学は，本居宣長が『古事記伝』を著したことで大成された学問。日本に仏教や儒教が伝わる以前の日本における考え方を重視し，『古事記』や『万葉集』などが研究された。

D　エは「天皇の領地」ではなく，幕府の直轄地（天領）が正しい。
　　天領は，全国の領地の約 4 分の 1 を占めていた。

解答　A　ウ　　B　ア　　C　ウ　　D　エ

STEP UP

1 次の A～C の文章は歴史上の人物が自分の業績などを紹介した文章である。これを読んで，後の問いに答えなさい。
(橿原学院高)

A　①私は江戸時代の将軍で，②朱子学を重んじた政治を行った。また，人々に慈悲の心を持たせるため，極端な動物愛護政策を実施し，さらに，寺院などを建設した為に，幕府財政が苦しくなると，③質の悪い貨幣を発行し，量を増やした。

(1)　下線部①の父親は誰か，次から1つ選び記号で答えなさい。□

　　ア　徳川家康　　イ　徳川家光　　ウ　徳川綱吉　　エ　徳川吉宗　　オ　徳川慶喜

(2)　下線部②は次のうちどの宗教に関連しているか，次から1つ選び記号で答えなさい。□

　　ア　仏教　　イ　キリスト教　　ウ　イスラム教　　エ　神道　　オ　儒教

(3)　下線部③の後に，良質な貨幣を再発行などした人物は誰か，次から1つ選び記号で答えなさい。□

　　ア　林羅山　　イ　新井白石　　ウ　荻生徂徠　　エ　尾形光琳　　オ　木下順庵

B　私はライバルの貴族たちに勝ち，4人の娘を天皇に嫁がせ，摂政の地位に就くなどして，この時代の中心となった。また，むすこも活躍し，令和の時代にも残る，①阿弥陀堂を建立した。この頃の文化は②日本独自の文化が発展し，仮名文字も使われるようになった。

(1)　私の日記は次のうちどれか，次から1つ選び記号で答えなさい。□

　　ア　土佐日記　　イ　御堂関白記　　ウ　更級日記　　エ　太閤記　　オ　小右記

(2)　下線部①は次のうちどれか，次から1つ選び記号で答えなさい。□

　　ア　宇治平等院鳳凰堂　　イ　東大寺大仏殿　　ウ　法隆寺夢殿　　エ　中尊寺金色堂
　　オ　富貴寺大堂

(3)　下線部②に関係の無い作品を，次から1つ選び記号で答えなさい。□

　　ア　土佐日記　　イ　源氏物語　　ウ　枕草子　　エ　古今和歌集　　オ　万葉集

C　私は父の敵をたおし，都から離れた場所で政治を行った。そして，家来たちとは①特別な関係をきずき，政治の仕組みを作った。私の死後は②妻の兄弟の子孫たちが活躍し，③外敵にも勇敢に立ち向かい，国を救った。

(1)　下線部①について，家来の活躍に応じて，主に何が与えられたか，次から1つ選び記号で答えなさい。□

　　ア　砂金　　イ　米　　ウ　土地　　エ　家来　　オ　位階

(2)　下線部②について，当てはまる人物を次から1つ選び記号で答えなさい。□

　　ア　北条時政　　イ　北条泰時　　ウ　北条義時　　エ　北条時頼　　オ　北条時宗

(3)　下線部③について，2度目の襲来は西暦何年か答えなさい。□

2　次の文章を読んで，後の問いに答えなさい。

（金光藤蔭高）

　19世紀半ばに太平洋側まで領土を広げた A)アメリカは，清や日本との貿易を望むようになりました。1853年，アメリカ東インド艦隊司令長官（　1　）は軍艦四隻で来航し，開国を求める大統領の国書をさし出しました。幕府はオランダからの情報で事前に来航を知っていましたが，軍艦の威力におされ国書を受け取りました。幕府は開国する方針を固め，翌54年，回答を求め来航した（　1　）と（　2　）条約を結び， B)2港を開きました。さらにアメリカは，幕府に対して自由貿易を始めることを強く要求しました。その結果，幕府の大老（　3　）は1858年，（　4　）条約を結び，5港を貿易港として開き，外国人居留地での自由貿易を認めました。 C)この条約には，関税自主権がないなど不平等な側面があり，明治時代になって大きな外交問題となりました。

(1)　（　1　）～（　4　）に入る語句を次の語群から1つ選び，それぞれ答えなさい。

　　1 ☐　　　　2 ☐　　　　3 ☐　　　　4 ☐

　　【語群】　井伊直弼　　水野忠邦　　日米修好通商　　日米和親　　ペリー　　ハリス

(2)　下線部A)について，アメリカが日本との貿易を求めるようになった理由として当てはまるものを，次のア～エから1つ選び，記号で答えなさい。☐

　　ア　軍事力をおそれていたため　　イ　アメリカ軍基地を作るため

　　ウ　電化製品を独占するため　　エ　捕鯨船の寄港地にするため

(3)　下線部B)について，開港された2港はどこか，次の語群から2つ選び，答えなさい。

　　☐　　☐

　　【語群】　箱館　　長崎　　新潟　　神戸　　下田

(4)　（　3　）は，1860年に暗殺されたが，その原因となった出来事は何か，次の語群から1つ選び，答えなさい。☐

　　【語群】　安政の大獄　　蛮社の獄　　モリソン号事件　　大塩の乱

(5)　下線部C)について，関税自主権がないこと以外に不平等な側面として，当てはまるものを，次のア～エから1つ選び，記号で答えなさい。☐

　　ア　外国人の領事裁判権を認めたこと

　　イ　アメリカ軍の駐留に対し思いやり予算を認めたこと

　　ウ　金銀の交換比率を1対10に定めたこと

　　エ　日本製品の輸出を禁じられたこと

(6)　この文章の前後に起こった出来事について，次のア～エを年代の古い順に並べ替えて，記号で答えなさい。☐　→　☐　→　☐　→　☐

　　ア　第15代将軍徳川慶喜が政権を朝廷に返上した

　　イ　イギリスがアヘン戦争で清国を破り，南京条約を結んだ

　　ウ　薩摩藩と長州藩が，それぞれ外国艦隊と戦って敗れた

　　エ　旧幕府軍と新政府軍との戦い（戊辰戦争）が始まった

3　I～Vの文章を読んで，各問いに答えなさい。　　　　　　　　　　　　　（初芝富田林高）

I　律令国家の新しい都として，長安にならい，奈良に平城京がつくられた。平城京には，碁盤の目のような道路がつくられ，その北部の中央には，天皇の住居や役所の建物が設けられた。平城京内には，貴族の大邸宅や_a寺院が建ち並び，市場が設けられて，地方の産物などが取り引きされた。また，_b地方は多くの国に区分され，その国々には役所が置かれて，国司が政治を行った。さらに，都と地方を結ぶ道路も整えられ，国の命令を伝えたり農民が_c税を運ぶ時などに使われた。

(1)　下線部 a に関連して，奈良時代に建てられた寺院について述べた文として誤っているものを，次のア～エのうちから1つ選び，記号で答えなさい。　□

　　ア　聖武天皇は，仏教の力にたよって国家を守ろうと，国ごとに国分寺と国分尼寺を建てた。

　　イ　民間に布教し，橋や用水路をつくった行基は，東大寺の大仏をつくることにも協力した。

　　ウ　遣唐使にともなわれて来日した鑑真は，唐招提寺を開いた。

　　エ　聖徳太子は，仏教を広めるために法隆寺を建てた。

(2)　下線部 b に関して述べた文として誤っているものを，次のア～エのうちから1つ選び，記号で答えなさい。　□

　　ア　国司には，地方の豪族が任命された。

　　イ　国司は，郡司を指揮して地方の政治を行った。

　　ウ　現在の福岡県には，九州地方の政治のほかに外交や防衛にあたる大宰府が設けられた。

　　エ　現在の宮城県には，東北地方の政治や軍事にあたる多賀城が設けられた。

(3)　下線部 c に関して，次の税 X・Y と，その説明文 あ～え との組み合わせとして正しいものを，後のア～エのうちから1つ選び，記号で答えなさい。　□

　　X　租　　　Y　雑徭

　　あ　口分田の面積に応じて稲をおさめる。

　　い　収穫量の50％を稲でおさめる。

　　う　布や特産物を都まで運んでおさめる。

　　え　地方での労役をおこなう。

　　　　ア　X―あ　　　Y―う　　　イ　X―あ　　　Y―え　　　ウ　X―い　　　Y―う

　　　　エ　X―い　　　Y―え

II　桓武天皇は，京都に平安京をつくり，ゆらいできた律令政治を立て直そうとした。また，東北地方に住む蝦夷とよばれた人々を支配するために，（　A　）を征夷大将軍に任命し，大軍を派遣して勢力を広げた。その後，朝廷では，藤原氏が他の貴族を退けて勢力をのばし，政治の実権をにぎるようになった。特に（　B　）とその子の頼通のころが最もさかんとなった。藤原氏は，朝廷の高い地位を独占し，多くの荘園を持つようになった。

(4)　文中の（　A　）・（　B　）に入る人物の組み合わせとして正しいものを，次のア～エのうちから1つ選び，記号で答えなさい。　□

　　ア　A―源義家　　　B―藤原道長　　　　　イ　A―源義家　　　B―藤原鎌足

　　ウ　A―坂上田村麻呂　　　B―藤原道長　　　エ　A―坂上田村麻呂　　　B―藤原鎌足

(5)　文章Ⅱの時代のできごとについて述べた次のX～Zについて，古いものから年代順に正しく並べたものを，後のア～カのうちから1つ選び，記号で答えなさい。　☐

　　X　遣唐使に任命された菅原道真は，派遣の停止をうったえて認められた。

　　Y　天台宗を伝えた最澄は，比叡山に延暦寺を建てた。

　　Z　中宮彰子に仕えた紫式部は，『源氏物語』を著した。

　　ア　X－Y－Z　　イ　X－Z－Y　　ウ　Y－X－Z　　エ　Y－Z－X

　　オ　Z－X－Y　　カ　Z－Y－X

Ⅲ　源頼朝の死後，北条氏は他の有力な御家人を次々と滅ぼし，（　A　）の地位について幕府の実権をにぎった。京都では，院政を行っていた後鳥羽上皇が朝廷の勢力回復の機会をうかがっていたが，将軍源実朝が殺害される事件がおきると，幕府の混乱に乗じて兵を挙げた。しかし，幕府は大軍を率いてこれを破り，乱後，上皇方の領地を取り上げその地に新たに（　B　）を任命した。こうして幕府の支配力は全国的に広がり，いちだんと強まった。

(6)　文中の（　A　）・（　B　）に入る語句の組み合わせとして正しいものを，次のア～エのうちから1つ選び，記号で答えなさい。　☐

　　ア　A―管領　　B―守護　　イ　A―管領　　B―地頭　　ウ　A―執権　　B―守護

　　エ　A―執権　　B―地頭

(7)　文章Ⅲの時代のできごとについて述べた次のX～Zについて，古いものから年代順に正しく並べたものを，後のア～カのうちから1つ選び，記号で答えなさい。　☐

　　X　幕府は朝廷を監視するために，京都に六波羅探題をおいた。

　　Y　元軍が二度にわたり日本に襲来した。

　　Z　藤原定家らにより『新古今和歌集』が編纂された。

　　ア　X－Y－Z　　イ　X－Z－Y　　ウ　Y－X－Z　　エ　Y－Z－X

　　オ　Z－X－Y　　カ　Z－Y－X

Ⅳ　中国では，（　A　）が建国され，日本に対して海賊行為の取りしまりと使節の派遣を求めてきた。ₐ日本はそれに応じて，使節を派遣し，貿易を始めた。朝鮮半島では，（　B　）により朝鮮国が建国され，ハングルという文字がつくられるなど，独自の文化が発展し，日本との貿易も開かれた。ᵦ沖縄では，尚氏により琉球王国が建国され，日本や中国・朝鮮半島・東南アジアを結ぶ中継貿易を行って栄えた。

(8)　文中の（　A　）・（　B　）に入る語句の組み合わせとして正しいものを，次のア～エのうちから1つ選び，記号で答えなさい。　☐

　　ア　A―明　　B―李舜臣　　イ　A―明　　B―李成桂　　ウ　A―宋　　B―李舜臣

　　エ　A―宋　　B―李成桂

(9)　下線部aに関して，この貿易を始めた人物と最も関係の深いできごとを，次のア～エのうちから1つ選び，記号で答えなさい。　☐

　　ア　応仁の乱が始まり，戦乱は京都から全国に広がった。

　　イ　京都の東山に銀閣が建てられた。

　　ウ　南北朝の動乱がしずまり，その統一が実現した。

エ　武士と農民とが一体になって，守護大名を追いはらう山城の国一揆をおこした。

(10)　下線部ｂの時期のできごとについて述べた次のＸ～Ｚについて，古いものから年代順に正しく並べたものを，後のア～カのうちから１つ選び，記号で答えなさい。　_____

Ｘ　ザビエルらがイエズス会を創立した。

Ｙ　コロンブスが大西洋を横断してアメリカに到達した。

Ｚ　ルターがローマ教会を批判し宗教改革を始めた。

ア　Ｘ－Ｙ－Ｚ　　イ　Ｘ－Ｚ－Ｙ　　ウ　Ｙ－Ｘ－Ｚ　　エ　Ｙ－Ｚ－Ｘ

オ　Ｚ－Ｘ－Ｙ　　カ　Ｚ－Ｙ－Ｘ

Ⅴ　５代将軍の徳川綱吉のころには，ａ産業やｂ文化が発達し，生活がはなやかになったが，金や銀の産出量が減り，幕府の財政は苦しくなった。８代将軍の徳川吉宗は，質素・倹約をすすめ，一時的に大名に米をさし出させたり，さらに新田の開発や年貢率の引き上げなど，幕政の改革に努めた。その後，老中となった田沼意次は，商人の力を利用した財政の再建に力を入れ，長崎貿易をさかんにしようとしたが，天明のききんなどがあり失脚した。田沼のあとに老中となったｃ松平定信は，農村の建て直しをめざす改革を実行した。

(11)　下線部ａに関して述べた文として誤っているものを，次のア～エのうちから１つ選び，記号で答えなさい。　_____

ア　農業では，深く耕すことのできる備中ぐわや脱穀を効率的にする千歯こきなどにより生産力が向上した。

イ　大阪と江戸の間には，西廻り航路や東廻り航路が開かれて，菱垣廻船や樽廻船が定期的に往復するようになった。

ウ　大阪は「天下の台所」とよばれ，諸藩は大阪に蔵屋敷をおいて米や特産物を販売した。

エ　三井高利が江戸に開いた越後屋呉服店は，「現金かけ値なし」の新商法で繁盛した。

(12)　下線部ｂの元禄文化に関して述べた文として正しいものを，次のア～エのうちから１つ選び，記号で答えなさい。　_____

ア　近松門左衛門は，人形浄瑠璃の台本として『曽根崎心中』を書いた。

イ　本居宣長は，『古事記伝』を著し，国学を大成した。

ウ　尾形光琳は，『風神雷神図屏風』を描き，装飾画を大成した。

エ　歌川広重は，浮世絵風景画として『富嶽三十六景』を描いた。

(13)　下線部ｃの人物が改革を行っていたころのできごとを，次のア～エのうちから１つ選び，記号で答えなさい。　_____

ア　イギリスで名誉革命がおこった。

イ　アメリカで南北戦争がおこった。

ウ　フランスのルイ14世が，パリ郊外にベルサイユ宮殿を建造した。

エ　ロシアの使節ラクスマンが，蝦夷地の根室に来航し通商を求めた。

(14)　文章Ⅴの時代の幕府政治に関して述べた次のＸ～Ｚについて，古いものから年代順に正しく並べたものを，後のア～カのうちから１つ選び，記号で答えなさい。　_____

X　公事方御定書という裁判の基準となる法律を定めた。

Y　江戸の湯島に昌平坂学問所をつくり，朱子学以外の学問を教えることを禁止した。

Z　商工業者が株仲間をつくることを奨励し，特権を与えるかわりに営業税を取った。

ア　X―Y―Z　　イ　X―Z―Y　　ウ　Y―X―Z　　エ　Y―Z―X

オ　Z―X―Y　　カ　Z―Y―X

4　日本には，現在25件の遺産が世界遺産に登録されている。中には，いくつかの建物などを合わせて世界遺産として登録する場合がある。次の表は，昔，都のあった地域にあるいくつかの建物を合わせて登録されている世界遺産をまとめたものである。この表をみて，後の各問いに答えなさい。

(四天王寺東高)

世界遺産名	構成資産	登録年月	区分
法隆寺地域の仏教建造物	a法隆寺，法起寺	1993 年 12 月	文化遺産
b古都京都の文化財	賀茂別雷神社（上賀茂神社），賀茂御祖神社（下鴨神社），c教王護国寺，清水寺，d延暦寺，醍醐寺，仁和寺，e平等院，宇治上神社，高山寺，西芳寺，天龍寺，f鹿苑寺，慈照寺，g龍安寺，本願寺，二条城	1994 年 12 月	文化遺産
古都奈良の文化財	h東大寺，i興福寺，春日大社，春日山原始林，元興寺，薬師寺，j唐招提寺，平城宮跡	1998 年 12 月	文化遺産

(ユネスコホームページをもとに作成)

(1)　下線部 a について，この寺院の造られた時代の文化を飛鳥文化という。この文化の発展した時期の特徴として正しいものを，次のア〜エから 1 つ選び，記号で答えなさい。☐

ア　唐の影響を受けた国際色豊かな文化が発展した。

イ　水稲農耕が始まり，貧富の差が拡大した。

ウ　豪族たちが氏寺と呼ばれる寺院を建造した。

エ　日本の風土や生活に合った落ち着いた貴族文化が根付いた。

(2)　下線部 b について，京都では室町時代，「応仁の乱」と呼ばれる大きな戦乱があった。このころから，応仁の乱で集団戦闘を担った軽装の武士たちのあいつぐ略奪や放火によって荒れ果てた。右の絵は当時の様子を表したものであるが，略奪を働いている者たちを何と呼ぶか，正しいものを，次のア〜エから 1 つ選び，記号で答えなさい。☐

ア　足軽　　イ　御家人　　ウ　地頭　　エ　防人

(3) 下線部 c について，この寺院は平安時代に建てられた寺院である。平安京に都が移されたころ，東北地方では，「蝦夷」が朝廷に抵抗していた。そこで，朝廷は 797 年にある人物を征夷大将軍に任命し，これに対抗した。では，このとき征夷大将軍に任命された人物と，この人物に降伏した蝦夷の族長の名前の組み合わせとして正しいものを，次のア～エから 1 つ選び，記号で答えなさい。　□

	人物	族長		人物	族長
ア	坂上田村麻呂	阿弖流為	イ	竹崎季長	阿弖流為
ウ	坂上田村麻呂	酔胡王	エ	竹崎季長	酔胡王

(4) 下線部 d について，この寺院に関する記述として正しいものを，次のア～エから 1 つ選び，記号で答えなさい。　□

ア　この寺院を建立した人物である空海は，中国で仏教を学び真言宗を開いた。

イ　この寺院を建立した人物である最澄は，中国で仏教を学び天台宗を開いた。

ウ　この寺院を建立した人物である法然は，中国で仏教を学び浄土宗を開いた。

エ　この寺院を建立した人物である一遍は，中国で仏教を学び時宗を開いた。

(5) 下線部 e について，この寺院を建立した人物として正しいものを，次のア～エから 1 つ選び，記号で答えなさい。　□

ア　藤原純友　　イ　平清盛　　ウ　平将門　　エ　藤原頼通

(6) 下線部 f について，この寺院が建てられた室町時代には，中国との貿易も盛んに行われた。しかしながら，倭寇と呼ばれる海賊が朝鮮や中国大陸を襲うことがあり，民間の貿易は禁止されていた。次の図は，民間の貿易船と区別するために，公式な貿易船に持たされていたものであるがこれを何というか，正しいものを，後のア～エから 1 つ選び，記号で答えなさい。　□

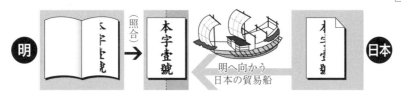

ア　朱印状　　イ　勘合　　ウ　笠懸　　エ　徳政

(7) 下線部 g について，この寺院は細川勝元によって開かれたものである。細川氏と山名氏の対立から起きた応仁の乱はその後，全国に広がり，各地の守護大名やその家臣による下剋上が起きるなど，大きな戦乱の時代となった。右の家紋はこの戦乱の時期に登場した戦国大名のものである。この家紋についての説明として正しいものを，次のア～エから 1 つ選び，記号で答えなさい。　□

ア　この家紋は祖先が井伊谷八幡宮の井戸の中から生まれたという伝承があり，井戸の上部の縁を表している。

イ　この家紋は「足利二つ引き両」紋といい，神号の下に黒い線を引くという部分だけが神霊に対して武運長久を祈念していたという意味で残ったと言われている。

ウ　この家紋は「一文字三星」紋といい，祖である大江氏が，一品の位を持つ阿保親王の末裔で

あったことから，一品を図案化したものであると言われている。

エ　この家紋は「丸に轡十字」と呼ばれており，馬の手綱を口に嚙ませるための「轡」という馬
　　具の金具に由来するという説がある。

（「大野信長，戦国武将 100 家紋・旗・馬印 FILE，学研プラス，2009」をもとに作成）

(8)　下線部 h について，この寺院は，平城京遷都に合わせて建てられた寺院の一つである。奈良時
　　代は当時の中国を参考にさまざまな制度や都づくりを行った。この時代に定められた法律や制度
　　として正しいものを，次のア〜エから 1 つ選び，記号で答えなさい。□□□□□

　　ア　農地改革　　　イ　大宝律令　　　ウ　太閤検地　　　エ　墾田永年私財法

(9)　下線部 i について，この寺院は，奈良時代に建てられたものであるが，平安時代の終わりごろに
　　ほかの寺院とともに焼き討ちにあった。しかしながら，鎌倉時代にはほかの主要な寺院とともに
　　迅速に復興された。多くの寺院を復興した鎌倉時代には，公家中心の伝統文化のうえに，武士や
　　民衆にもわかりやすい文化が発達した。この時代の文学として**誤っているもの**を，次のア〜エか
　　ら 1 つ選び，記号で答えなさい。□□□□□

　　ア　『平家物語』　　　イ　『古今和歌集』　　　ウ　『方丈記』　　　エ　『徒然草』

(10)　下線部 j について，この寺を建てた人物は，中国で仏教の「戒律」を伝え，研究する宗派の僧で
　　あった。日本に来て仏教の教えを伝えてほしいとの願いに応えて創建したものである。この人物
　　に関する説明として正しいものを，次のア〜エから 1 つ選び，記号で答えなさい。□□□□□

　　ア　朝廷の許可を得ないまま難民救済や民間布教・土木事業などの社会事業を進めた。

　　イ　正しい姿勢で座り，心を無にして集中する座禅を基本とした宗派を広めた。

　　ウ　焼き討ちにあった東大寺の再興に力を注いだ。

　　エ　中国から日本に渡るのに何度も失敗するなど，苦難の末渡来した。

② 日本史総合

❖おさえておきたい**重要項目**

✿日本の歴史（通史）を	☐ 資料（史料）を読み解く
復習するときの注目テーマ✿	必要のある問題
	☐ 貨幣の歴史
☐ 年表を使った問題	☐ 人物史　　など
☐ 外交史	

例題 ◀年表を使った問題▶

■　次の日本の書物に関する年表を見て，後の問いに答えなさい。　　　　（京都女高）

年	できごと
720	『日本書紀』が完成する……………………①
905	『古今和歌集』が完成する…………………②
1212	『方丈記』が完成する………………………③
1592	『平家物語』が宣教師によって出版される……④
1774	『解体新書』が出版される…………………⑤
1872	『学問のすゝめ』が出版される……………⑥

(1)　①のころの都は何という名前か，漢字で答えなさい。

(2)　②のころに滅んだ中国の国（王朝）はどこか，漢字で答えなさい。

(3)　③の筆者は誰か，漢字で答えなさい。

(4)　④などヨーロッパの影響を受けた当時の文化を何というか，漢字で答えなさい。

(5)　⑤のころに噴火し，飢饉を悪化させる原因となった山はどこか，漢字で答えなさい。

(6)　⑥の筆者は誰か，漢字で答えなさい。

解説

(1)　710年に元明天皇が平城京（現在の奈良市）に遷都した。都の造営には，唐の都**長安**が手本とされた。

(2)　唐は907年に滅亡した。『古今和歌集』は日本初の勅撰和歌集。

(3)　『方丈記』は，『枕草子』『徒然草』とならぶ日本三大随筆の一つとされている。

(4)　当時の人々は，スペイン人やポルトガル人を「南蛮人」とよんだ。

(5)　長野県と群馬県の県境に位置する火山。噴火は天明の飢饉を悪化させた。

(6)　慶應義塾の創設者でもある。

解答　(1) 平城京　　(2) 唐　　(3) 鴨長明　　(4) 南蛮文化　　(5) 浅間山　　(6) 福沢諭吉

例題　◀史料を読み解く必要のある問題▶

■　次の史料（抜粋もしくは部分要約）を読み，後の問いに答えなさい。　　　　　（開明高）

Ⅰ　頼朝公の時代に定められた，諸国の守護の職務は，国内の御家人を京都の警備にあた
　らせること，謀反や殺人などの犯罪人を取りしまることである。

Ⅱ　(a)琉球国は南海の勝地にして　三韓の秀をあつめ　大明をもつて輔車となし　日域を
　もつて唇歯となす。

Ⅲ　権利幸福　嫌いな人に　自由湯をば飲ませたい　オッペケペ　オッペケペッポー
　ペッポッポー

(1)　史料Ⅰを制定した人物として正しいものを次のア～エから1つ選び，記号で答えなさ
　い。

　　ア　北条時政　　イ　後鳥羽上皇　　ウ　北条時宗　　エ　北条泰時

(2)　史料Ⅱは，万国津梁の鐘の碑文の一部である。下線部(a)に関連して，琉球王国に関し
　て述べた次の文X・Yの正誤の組み合わせとして正しいものを後のア～エから1つ選び，
　記号で答えなさい。

　　X　東南アジアから日本向けの商品を輸入し，日本から東南アジアに刀剣を輸出する中
　　　継貿易がおこなわれた。

　　Y　南山の王である尚巴志が北山・南山・中山を統一したことで成立し，首里に都がお
　　　かれた。

　　ア　X：正　　　Y：正　　　イ　X：正　　　Y：誤

　　ウ　X：誤　　　Y：正　　　エ　X：誤　　　Y：誤

(3)　史料Ⅲは，自由民権運動に関係する歌である。自由民権運動に関連して述べた文とし
　て正しいものを次のア～エから1つ選び，記号で答えなさい。

　　ア　中江兆民は，アメリカの人権思想を日本に紹介し，「東洋のルソー」とよばれた。

　　イ　大隈重信は自由党，植木枝盛は立憲改進党を結成し，国会開設にそなえた。

　　ウ　板垣退助は，国会期成同盟を結成した後，民撰議院設立建白書を提出した。

　　エ　自由民権運動の影響を受けた五日市の人々によって，独自の憲法草案がつくられた。

解説

(1)　**御成敗式目（貞永式目）**は武家にのみ通用するもので，鎌倉幕府の3代執権によって
　制定された。

(2)Y　尚巴志は三山（北山・南山・中山）を統一して**琉球王国**を成立させた人物だが，中
　山の王だった。

(3)ア　中江兆民は，「アメリカ」ではなくフランスの思想家である**ルソー**の思想を日本に紹
　介した。

　イ　板垣退助が自由党を，大隈重信が立憲改進党を結成した。

　ウ　国会期成同盟が発足したのは1880年だが，民撰議院設立建白書が提出されたのはそ
　れよりも前の1874年のこと。

解答　(1)エ　　(2)イ　　(3)エ

STEP UP

1 　次の年表は，みどりさんと涼子さんが社会科の授業で学んだ内容を時代ごとにまとめたものである。後の問いに答えなさい。　　　　　　　　　　　　　　　　　　　　　　　（大阪緑涼高）

日本の時代	国内・国外の政治や外交についてのまとめ
弥生	239 年　魏に使いを送った卑弥呼は(a)漢委奴国王の称号を贈られる。
古墳	稲荷山古墳で発見された鉄剣に，倭国の(b)大王の名が刻まれている。
飛鳥	603 年　聖徳太子によって(c)冠位十二階の制度が定められる。
平安	藤原氏が実権を握り，(d)摂関政治が始まる。
鎌倉	1232 年　(e)初めての武家法典が定められる。
室町	(f)ルターが宗教改革を始める。
安土桃山	豊臣秀吉が(g)太閤検地や刀狩を行う。
(h)江戸	1603 年　徳川家康が江戸に幕府を開く。
明治	1894 年に勃発した日清戦争に勝利し，1895 年に（ i ）を締結する。
大正	(j)米騒動によって藩閥内閣が退陣し，本格的な政党内閣が成立する。

(1)　下線部(a)が正しい場合は〇，誤っている場合は×を記入しなさい。　　　　　

(2)　下線部(b)について，文字の記録や鉄器の製造など様々な技術をもち中国や朝鮮半島から移り住んだ人々のことを何と呼ぶか，答えなさい。　　　　　

(3)　下線部(c)を定めた目的として正しいものを，次の文から 1 つ選び，記号で答えなさい。　　　　　

　　ア　大陸の進んだ文化を取り入れようと考えた。
　　イ　能力や功績のある人物を政治に組み込もうとした。
　　ウ　土地と人民を国家が直接支配することとした。
　　エ　豪族に対して政治の心構えを説いた。

(4)　下線部(d)に関して，次の歌は，藤原氏の全盛を築いた人物の歌である。詠んだ人物を答えなさい。　　　　　

　　この世をば　わが世とぞ思う　望月の　欠けたることも　無しと思えば

(5)　下線部(e)の法典を定めた執権は誰か，答えなさい。　　　　　

(6)　下線部(f)において，ローマ教皇を批判し聖書に信仰のよりどころを置いた人々を何というか，答えなさい。　　　　　

(7)　下線部(g)などの政策により，武士と百姓との身分が区別された。これを何というか，答えなさい。　　　　　

(8)　下線部(h)の時代に幕府が行ったことと，関わった人物の組合せとして誤っているものを，次の語群から 1 つ選び，記号で答えなさい。

　　ア　参勤交代の制度化―徳川家光　　イ　生類憐みの令―徳川綱吉　　ウ　大政奉還―徳川慶喜

　　エ　目安箱の設置―徳川家定

(9)　（　i　）に入る条約名を答えなさい。 ⬚

⑽　下線部(j)と最も関係の深い出来事を，次の文から1つ選び，記号で答えなさい。 ⬚

　　ア　辛亥革命が起こり，中華民国が成立した。

　　イ　世界恐慌が起こり，アメリカはニューディール政策を施した。

　　ウ　ロシア革命が起こり，世界初の社会主義国家が誕生した。

　　エ　朝鮮で三・一独立運動が起こった。

2　日本の様々な時代の資料（一部要約）や絵を見て，後の問いに答えなさい。　　　　　　　　（仁川学院高）

　A

> 一　和を尊んで，人と争うことがないように心がけなさい。
> 二　深く三宝（仏，仏教の教え，僧侶）を敬いなさい。
> 三　天皇の命令を受けたら必ず従うようにしなさい。

(1)　Aの資料について，この資料が完成した時の天皇名を解答欄に合うように漢字で答えなさい。

　　　　　　　　　　　　　　　　　　　　　　　　　　　　　　　　　　　　　⬚ 天皇

　B

> 　天平15年5月27日，天皇が 詔（みことのり） を出しておっしゃることには，「開墾した土地は養老7年の規定によって，期限が過ぎれば国に返させていた。このため農民が意欲を失い，せっかく開墾した土地が再びあれてしまう。今後は私有地と認め，3代や1代などと期限を限定せずに，永久に国に返さなくてもよい。」

(2)　Bの資料について，この法の名称を漢字で答えなさい。 ⬚

　C

> 　（　1　）一家の子息たちといえば，どんなに名門の貴族であっても，肩を並べることや，顔を合わせることもできなかった。そのため（　1　）の妻の弟である，平大納言時忠卿（だいなごん・きょう）は，「平氏の一門でない者は人ではない」とまでおっしゃった。

(3)　Cの資料について，（　1　）の人物が関わった戦いとして正しいものを，次のアからエの中から1つ選んで記号で答えなさい。 ⬚

　　ア　平将門の乱　　イ　承久の乱　　ウ　保元（ほうげん）の乱　　エ　島原の乱

　D

> 　領地を（　2　）に入れて流してしまったり，売ってしまったりすることは，（　3　）らの貧乏の原因になるので，今後はこれを禁止する。これまでに売った分については，元の持ち主のものとしなさい。ただし，買ってから支配して20年を過ぎたものについては，現在の状況を変える必要はない。

(4) Dの資料について，この資料は永仁の徳政令ですが，（　2　）・（　3　）に入る語句の組み合わせ
として正しいものを，次のアからエの中から1つ選んで記号で答えなさい。□

ア　2：質　　　3：御家人　　イ　2：質　　　3：旗本　　ウ　2：両替商　　3：御家人

エ　2：両替商　　　3：旗本

E

(5) Eの資料について，この資料に描かれている時代の仏教について述べた文として最も適当なも
のを，次のアからエの中から1つ選んで記号で答えなさい。□

ア　親鸞は，一心に念仏を唱えれば，死後だれでも極楽浄土に生まれ変われると説いて，浄土宗
を開いた。

イ　鑑真は，日本側の願いにこたえて多くの困難を乗りこえて来日し，正式な仏教の教えを伝
えた。

ウ　道元は，当時の中国で繁栄していた座禅によって悟りを開こうとする禅宗を日本へ伝え，曹
洞宗を開いた。

エ　空海は，中国で密教を学び，この世の病気やわざわいを取り除く祈とうなどを取り入れたた
め，天皇や貴族の信仰を集めた。

F

(6) Fの資料について，当時の商業に関する次の文の正誤の組み合わせとして正しいものを，後の
アからエの中から1つ選んで記号で答えなさい。□

a　商人は，同業者組織である座をつくり，幕府に税を納めるかわりに営業の独占を許され，大
きな利益をあげていた。

b　金銀の交換や金の貸し付けによって経済力を持ち，江戸の三井のように大名に貸し付けを行
う商人も現れた。

ア　a：正　　b：正　　イ　a：正　　b：誤　　ウ　a：誤　　b：正

エ　a：誤　　b：誤

G

> 一　人を殺し，盗みをした者　　引き回しのうえ獄門（ごくもん）
>
> 一　追いはぎをした者　獄門……

(7)　Gの資料について，この法律を定めた将軍が行った政治について述べた文として誤っているものを，次のアからエの中から1つ選んで記号で答えなさい。☐

ア　幕府の財政の立て直しに取り組み，武士に質素と倹約を命じたり，豊作や凶作に関係なく，一定の年貢を取り立てた。

イ　長崎での貿易を活発にするため，銅や俵物とよばれる海産物を盛んに輸出したり，蝦夷地の開拓も計画した。

ウ　参勤交代で江戸にいる期間を1年から半年に短縮するかわりに，大名に1万石につき100石の米を納めさせる上米の制を定めた。

エ　庶民の意見を取り入れる目安箱を設置するなど様々な改革を行い，大岡忠相（ただすけ）ら有能な人材の登用も進めた。

H

> 第3条　（　4　）・箱館の2港のほか，次の場所を開港する。
>
> 　　　神奈川，長崎，新潟，兵庫，神奈川を開いた6ヵ月後に（　4　）は閉鎖する。
>
> 第4条　日本に輸出入する品物はすべて，別冊の貿易章程の通り，日本の役所へ関税を納める。
>
> 第6条　日本人に対して，法を犯したアメリカ人は，アメリカ領事裁判所で取り調べてアメリカの法律で罰すること。アメリカ人に対して法を犯した日本人は，日本の役人が取り調べて，日本の法律で罰すること。

(8)　Hの資料について，（　4　）にあてはまる開港地を漢字で答えなさい。☐

I

> 一　広く会議を開いて，政治上の大切なことは，多くの人々の意見によって決定しなければならない。
>
> 一　上も下も心を一つにして，国家を治めととのえなければならない。
>
> 一　公家も武家も庶民も，その願いがかなえられるようにして，人の心をあきさせないようにすることが大切である。
>
> 一　古くからの悪い習慣をやめて，世界共通の道理を基本にすべきである。
>
> 一　知識を世界に求め，大いに天皇の政治の基盤を築くべきである。

(9)　Iの資料について，下線部の内容として最も適当なものを，次のアからエの中から1つ選んで記号で答えなさい。☐

ア　攘夷（じょうい）の風潮　　イ　身分制度　　ウ　厳しい年貢　　エ　尊王の風潮

③ Uさんは、わが国で使用された四つの貨幣とそれらが使用された当時の社会や経済活動について調べた。次は、Uさんが調べた内容をまとめたものである。後の問いに答えなさい。　　　　　（大阪府）

ⓐ和同開珎	永楽通宝	ⓔ慶長小判	10円金貨
708年に発行が始まった銅銭。都には東市と西市がおかれ、全国から運びこまれた地方の特産物が売買された。	中国の明から輸入された銅銭。ⓘ室町時代には定期市の回数が増えるなど商業が発達し、貨幣の流通量が増加した。	ⓞ江戸幕府が発行した最初の金貨。幕府はオランダ、中国と貿易を行い、日本からは銀や銅、海産物などが輸出された。	1871（明治4)年に明治政府が発行した金貨。円・銭・厘を単位とするⓚ貨幣制度が定められ、殖産興業政策がすすめられた。

(1) ⓐ和同開珎は、中国の王朝が発行した貨幣にならって、朝廷が発行した貨幣である。次のア～エのうち、わが国で和同開珎の発行が始まったころの中国の王朝名はどれか。1つ選び、記号で答えなさい。 ◻
　ア　唐　　イ　宋　　ウ　元　　エ　漢

(2) ⓘ室町時代、農村では農民たちが自治的な組織をつくり、年貢をまとめて領主に納めたり、寄合を開いて村のきまりを定めたりした。農民たちがつくったこの自治的な組織は何と呼ばれているか。漢字1字で書きなさい。 ◻

(3) ⓤ定期市では、特産物や工芸品などのさまざまな商品が売買された。次の文は、室町時代の商業にかかわることがらについて述べたものである。後のア～エのうち、文中の ◻X◻ ，◻Y◻ に当てはまる語の組み合わせとして最も適しているものはどれか。1つ選び、記号で答えなさい。 ◻

　　室町時代には、金融業者の活動がさかんになり、◻X◻ と呼ばれる質屋の他、酒屋がお金の貸し付けを行った。また、遠隔地との取り引きが活発になり、陸上では、◻Y◻ と呼ばれる運送業者が年貢米などのさまざまな物資を運んだ。
　ア　X　土倉　　Y　座　　イ　X　土倉　　Y　馬借　　ウ　X　問（問丸）　　Y　座
　エ　X　問（問丸）　　Y　馬借

(4) ⓔ慶長小判の発行を命じた人物で、江戸幕府を開いた初代将軍はだれか。人名を書きなさい。 ◻

(5) ⓞ江戸幕府は、財政の悪化や社会の変動に対応するため、さまざまな改革を行った。
　① 18世紀後半、財政再建を図る田沼意次は、商工業者が同業者どうしでつくる株仲間の結成を奨励した。次の文は、田沼意次が株仲間の結成を奨励した理由について述べたものである。文中の（　　）に入れるのに適している内容を、「独占」「税」の2語を用いて簡潔に書きなさい。
　　◻
　　　　株仲間に（　　　　　　）ことによって、幕府の収入が増加すると考えたから。
　② 19世紀中ごろ、アメリカ合衆国の総領事が下田に着任し、貿易の自由化を求めた。1858年に江戸幕府がアメリカ合衆国と結んだ条約で、函館・神奈川（横浜）・長崎・新潟・兵庫（神戸）の5港の開港や両国の自由な貿易などを認めた条約は何と呼ばれているか。漢字8字で書きな

さい。　☐

(6)　_か貨幣制度の確立は，近代化をすすめる明治政府にとって重要な政策の一つであった。次の(i)
　　～(iii)は，明治時代にわが国で起こったできごとについて述べた文である。(i)～(iii)をできごとが起
　　こった順に並べかえると，どのような順序になるか。後のア～カから正しいものを1つ選び，記
　　号で答えなさい。　☐

(i)　内閣制度が創設され，伊藤博文（いとうひろぶみ）が初代の内閣総理大臣に就任した。

(ii)　第1回衆議院議員総選挙が実施され，第1回帝国議会が開かれた。

(iii)　藩を廃して新たに府や県を置く廃藩置県が行われた。

　　ア　(i)→(ii)→(iii)　　　イ　(i)→(iii)→(ii)　　　ウ　(ii)→(i)→(iii)　　　エ　(ii)→(iii)→(i)
　　オ　(iii)→(i)→(ii)　　　カ　(iii)→(ii)→(i)

4　次の各文章は，各時代の日本と諸外国とのかかわりについて書かれたものである。各文章を読み，
後の問いに答えなさい。　　　　　　　　　　　　　　　　　　　　　　　　　　　　　（滋賀学園高）

A　ヤマト王権は中国を統一した隋に使節を送り，国交を結ぼうと考えた。これを遣隋使といい，
　　代表的な人物として（　①　）が挙げられる。隋が滅んで唐がおこると，同じように遣唐使が派遣
　　された。この遣隋使や遣唐使の目的は，当時のアジアで最も栄えていた中国の新しい政治や文化
　　を学ぶことにあった。
　　　当時の日本は，推古天皇が即位すると甥（おい）の（　②　）が政治に参加し，蘇我馬子と共に仏教の思
　　想を取り入れて国家の仕組みを整えた。彼は役人の心構えとして（　Ⅰ　）を定めた。

B　徳川家康は近隣の国々と友好的な外交に取り組んだ。それと同時に貿易による利益を重視し，
　　大名や大商人に海外渡航を許可する証書を与え，貿易を幕府の管理下に置いた。これを（　Ⅱ　）と
　　いう。家康は，ポルトガル人やスペイン人，さらに後に来航するオランダ人やイギリス人との貿
　　易も許可した。しかしその後，キリスト教が急速に広まったことをおそれ，キリスト教を禁止し，
　　宣教師を追放した。
　　　3代将軍（　③　）はさらにキリスト教の取り締まりを強化した。これにより，九州ではキリス
　　ト教徒の百姓など約3万人以上が無理な年貢と厳しい取り締まりに反対して一揆をおこした。
　　　貿易ではポルトガル人の来航を禁止し，オランダ人を長崎の出島に移し，_aオランダ船と中国
　　船のみ日本との貿易が許可されることになった。

C　中国の『魏志』倭人伝によれば，この時代の日本には邪馬台国を中心とする政治的なまとまり
　　が生まれた。女王の（　④　）は_b魏の皇帝に使節を送り，金印や銅鏡を受け取った。その後日本
　　では古墳が作られるようになり，巨大なものは奈良県周辺に集中していたことから，この地域に
　　強い権力を持つ王がいたと考えられる。この王を中心とする政権をヤマト王権という。そのころ
　　朝鮮半島では北部で高句麗が強い勢力を持ち，南部で百済と新羅が小国の統一を進めた。

D　朝鮮半島では，東学という民間宗教団体を中心とした農民が，日本や欧米諸国の追放と政治改
　　革を求め，甲午（こうご）農民戦争が起こった。これに対抗するため朝鮮政府が清に援軍を求めると，清と
　　結んでいた天津（てんしん）条約を理由に日本も朝鮮に出兵し，（　Ⅲ　）が始まった。この戦争は日本の勝利に
　　終わり，翌年下関条約を結んだ。この条約で，清は遼東半島・台湾などを日本に譲ること，2億

両の賠償金を支払うことが決められた。この条約締結を受けて，ロシアは欧州列強の二国と結び，遼東半島を清に返還するよう日本に強く迫った。これを三国干渉という。その後，中国で起こった義和団事件を経て日本とロシアの対立は深まり，c日露戦争が始まった。

E　アメリカの東インド艦隊司令長官（　⑤　）が，4隻の軍艦を率いて神奈川県の浦賀に来航した。彼はアメリカ大統領の国書を示し，d日本に開国を迫った。翌年，（　⑤　）は再び江戸湾に来航し，幕府は（　Ⅳ　）に調印した。その後，下田の領事館に着任したアメリカ総領事ハリスは，自由貿易を開始するための条約締結を要求した。大老（　⑥　）は朝廷の許可が得られないままe日米修好通商条約を結んだ。これをきっかけに国内では尊王攘夷運動がおこり，倒幕の機運が高まった。

F　朝鮮半島の高麗は，元軍の侵入を受け，元に服従させられた。フビライ＝ハンは高麗をなかだちに日本に使者を送り，武力を背景に国交を迫った。当時の執権（　⑦　）はこの要求を退け，西日本の御家人に防備を命じた。その後，元軍は2度にわたって兵を率いて日本に襲来した。これを（　Ⅴ　）という。

(1) 文章A～Fの空欄①～⑦に当てはまる人物名を，次のア～コから選び，それぞれ記号で答えなさい。

①□　②□　③□　④□　⑤□　⑥□
⑦□

ア　北条時宗　イ　聖徳太子　ウ　卑弥呼　エ　ウィルソン　オ　吉備真備
カ　小野妹子　キ　井伊直弼　ク　ペリー　ケ　徳川秀忠　コ　徳川家光

(2) 文章A～Fの空欄Ⅰ～Ⅴに当てはまる語句を答えなさい。

Ⅰ□　Ⅱ□　Ⅲ□　Ⅳ□
Ⅴ□

(3) 文章A～Fを時代が古い順に並べなさい。

□→□→□→□→□→□

(4) 文章Aについて，聖徳太子が定めた，豪族の序列を示した制度は何というか答えなさい。□

(5) 文章Bについて，九州のキリスト教徒の百姓たちが起こした一揆を何というか答えなさい。□

(6) 文章Bについて，下線部aのように，オランダ船と中国船のみ日本との貿易が許された理由はなぜか。「布教」という言葉を用いて答えなさい。□

(7) 文章Cについて，下線部bのように，当時の邪馬台国が中国の魏に使節を送り，金印などを授かった理由として当てはまるものを，次のア～エから1つ選び，記号で答えなさい。□

ア　当時の中国は日本の支配下にあり，毎年貢物を送らなければいけなかったから。
イ　当時の日本は中国の支配下にあり，毎年貢物を送らなければいけなかったから。
ウ　当時の中国はアジアで強い勢力であり，邪馬台国はその後ろ盾が欲しかったから。
エ　当時の日本はアジアで強い勢力であり，魏はその後ろ盾が欲しかったから。

(8) 文章Dについて，次の図は下線部cの日露戦争前の各国の関係図である。図中の①～④に当てはまる国名を答えなさい。

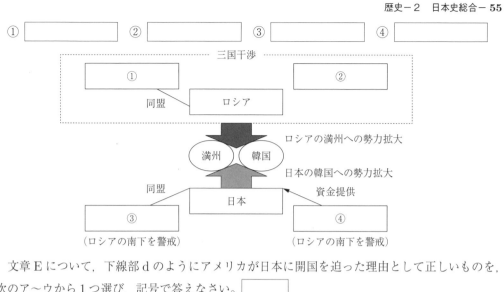

(9)　文章 E について，下線部 d のようにアメリカが日本に開国を迫った理由として正しいものを，次のア～ウから 1 つ選び，記号で答えなさい。

ア　中国との貿易で太平洋を横断する船が増加し，燃料・食料・水の補給地として日本の位置が重要になったため。

イ　日本をアメリカの植民地にし，中国などアジアへの進出も考えていたため。

ウ　日本の名産品である刀がアメリカで人気であり，貿易によって財政黒字を維持するため。

(10)　文章 E について，下線部 e の条約によって開港された 5 港の正しい位置の組み合わせを，右の地図を見て，次のア～エから 1 つ選び，記号で答えなさい。

ア　a－b－c－d－f　　イ　b－c－d－f－e
ウ　b－d－e－f－g　　エ　a－b－d－f－g

(11)　次の各資料を見て，文章 A～F の時代に最も適するものを次のア～カから選び，それぞれ記号で答えなさい。

A 　　　　B 　　　　C 　　　　D 　　　　
E 　　　　F 　　　　

ア

イ

ウ

エ

オ

カ

③ 歴史総合

❖おさえておきたい重要項目

> ❀日本史・世界史の融合問題における注目テーマ❀
>
> □ 大航海時代について
> □ 日本と特定の国々の関係
>
> □ オリンピックのような国際的イベントに関する問題
> □ 宗教史
> □ 人物史　　など

例題 ◀大航海時代▶

■ 次の文章を読み，後の各問いに答えなさい。 （清明学院高）

　大航海時代にスペインの援助を受けてアジアを目指した（　1　）は，西に航路をとればイスラム教の国を通らずに到着できると考えた。結果彼がたどり着いたのは西インド諸島であり，のちにアメリカと呼ばれる大陸の発見につながった。その後もスペインは海外派遣を続け，1522 年には世界一周を達成し地球が球体であることを証明した。aポルトガルは 1498 年に（　2　）がアフリカ南部の喜望峰を回る経路でインドに到達した。アジアに到達した彼らは次第に活動範囲を広げていき，南蛮貿易と呼ばれる貿易を開始することになった。

(1) 空欄（　1　）に入る，西インド諸島を発見した人物は誰か答えなさい。

(2) 下線部 a に関して，中国船に乗ったポルトガル人が漂着した日本の島はどこか答えなさい。

(3) 空欄（　2　）に入る，アフリカを経由してインドに到達した人物は誰か答えなさい。

(4) 文章中の年代に最も時期が近い出来事はどれか，次のア～エから 1 つ選び，記号で答えなさい。

　　ア　源頼朝によって鎌倉幕府がつくられた。　　イ　織田信長が本能寺で自害した。
　　ウ　ヨーロッパに岩倉使節団が送られた。　　エ　フビライ＝ハンが元を建国した。

解説

(1) **コロンブス**が西インド諸島に到達したのは1492 年のこと。

(2) 1543 年にポルトガル人が種子島に漂着した際，鉄砲が伝わり，その後に**堺**や国友など日本国内でも生産されるようになった。

(3) インドのカリカットに到達した。

(4) アは12 世紀末，イは1582 年，ウは1871 年，エは1271 年。

解答 (1) コロンブス　　(2) 種子島　　(3) ヴァスコ＝ダ＝ガマ　　(4) イ

例題 ◀日中関係史▶

■ 中国の歴史に関する次の問いに答えなさい。 （日ノ本学園高）

(1) 次の資料は遣隋使に関するものである。下線部(a)の理由として適切なものを後のア～エから１つ選び，記号で答えなさい。

> 使者の国書には「日出ずるところの天子，書を日没するところの天子に送ります。お変わりはありませんか。」と書いてあった。皇帝は不機嫌になり，外交の担当者に「野蛮な国の無礼な国書を二度と聞かせないように。」と命令した。
> 翌年，(a)裴世清(※)を倭国に派遣した。 （『隋書』倭国伝）
> ※裴世清：隋の外交官の名前

ア 隋は倭国に宣戦布告をするために使者を遣わす必要があったから。

イ 隋は朝鮮半島にある高句麗と対立しており，倭国との関係を大切にする必要があったから。

ウ 隋は倭国との貿易により，倭国の資源を手に入れたかったから。

エ 倭国の国力が隋よりも強かったから。

(2) 元に関係がある絵画として適切なものを次のア～エから１つ選び，記号で答えなさい。

ア

イ

ウ

エ

解説

(1) 後に高句麗は強大化して隋にも侵攻したことが，隋の滅亡の一因ともなった。
　　史料中の「使者」とは**小野妹子**であり，「使者」に国書を持たせた**聖徳太子**（厩戸皇子）は，こうした隋の外交事情を知ったうえで，隋との対等な外交関係を構築しようとしたと考えられる。（なお，「使者」に国書を持たせたのは，推古天皇であるとの説もある。）

(2)ア･･･1840 年に起こった**アヘン戦争**の際に，イギリスの軍船の攻撃に吹き飛ばされている清軍の船の様子。

　　イ･･･江戸時代に朝鮮から日本に派遣された**朝鮮通信使**の行列の一部。朝鮮通信使は江戸幕府の将軍の代替わりを祝いに来日していた。

　　ウ･･･**倭寇**の様子。ただし，この絵は後期倭寇（中国の人々が主体で日本の人々は少なかったとされる）を描いたもの。

解答 (1) イ　　(2) エ

STEP UP

1　次の【A】～【F】の各文を読んで，後の問いに答えなさい。　　　　　　　　　　　（大谷高）

【A】　大航海時代以降，インドから輸入された手織りの（　a　）織物はヨーロッパで人気商品となりました。18世紀後半になると，イギリスでは蒸気機関で動く機械が使われ始め，（　a　）織物は工場で安く大量に生産されるようになりました。①工場で機械生産などの技術が向上し，経済と社会の仕組みが大きく変化したことを，産業革命といいます。

(1)　空欄（　a　）にあてはまる語句を次のア～エから1つ選び，記号で答えなさい。

　　ア　毛　　イ　綿　　ウ　麻　　エ　絹

(2)　下線部①について，産業革命に関して述べた次のX・Yの文を読み，どちらも正しければア，Xのみ正しければイ，Yのみ正しければウ，どちらも誤っていればエ，の記号で答えなさい。

　　X　他国より早く産業革命を実現したイギリスは19世紀に繁栄の時代をむかえ，世界初の万国博覧会を開いた。

　　Y　日本の産業革命は，まず繊維工業に代表される軽工業，次いで鉄鋼業に代表される重工業という，二つの段階を経て進んだ。

【B】　19世紀の三角貿易により，清ではアヘンを吸う習慣が広まりました。これを清が厳しく取りしまると，②イギリスはアヘン戦争を起こしてこれに勝利し，1842年には講和条約が結ばれました。

(3)　下線部②について，アヘン戦争に関連して述べた次のX・Yの文を読み，どちらも正しければア，Xのみ正しければイ，Yのみ正しければウ，どちらも誤っていればエ，の記号で答えなさい。

　　X　講和条約を結んだイギリスは上海（シャンハイ）など5つの港を開かせ，台湾（たいわん）を手に入れたうえに賠償金を支払わせた。

　　Y　清の敗北を知った日本は，異国船打払令（いこくせんうちはらいれい）をやめ，日本に寄港した外国船には燃料のまきや水を与えるよう命じた。

【C】　1856年，アメリカ総領事（そうりょうじ）のハリスが来日し，幕府に通商条約を結ぶことを強く求めました。③新しく大老になった井伊直弼（いいなおすけ），1858年に清が再びイギリス・フランス連合軍に負けたことを知り，朝廷の許可を得ないまま，④日米修好通商条約（にちべいしゅうこうつうしょうじょうやく）を結びました。

(4)　下線部③について，井伊直弼は，幕府の政策に反対する大名，公家，尊王攘夷派（そんのうじょうい）の藩士を処罰し，これをおさえようとしました。1858年に始まるこの弾圧を何といいますか，答えなさい。

(5)　下線部④について，次の資料は日米修好通商条約の一部を要約したものです。資料中の空欄（　b　）には，ある地名があてはまります。（　b　）の位置として正しいものを，後の地図中のア～エから1つ選び，記号で答えなさい。

第3条

（ b ）・函館のほか，神奈川（横浜）・長崎・新潟・兵庫を開港すること。…神奈川（横浜）を開いた6か月後，（ b ）を閉ざすこと。

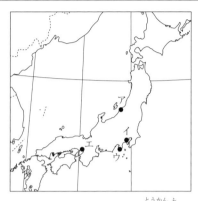

【D】　日本は韓国の外交権をうばって保護国にし，韓国統監府を置きました。さらに，5年後には⑤韓国を併合し，強い権限を持つ朝鮮総督府を設置して，武力で民衆の抵抗をおさえ，植民地支配を推し進めました。

(6)　下線部⑤について，次のⅠ・Ⅱの短歌は，それぞれ異なる立場から韓国併合について詠んだものです。これらを詠んだ作者の組み合せとして正しいものを，後のア～エから1つ選び，記号で答えなさい。☐

Ⅰ	地図の上　朝鮮国に黒々と　墨をぬりつつ秋風を聴く

Ⅱ	*1小早川　加藤　小西が世にあらば　今宵の月を　いかに見るらむ

ア　Ⅰ—*2寺内正毅　　Ⅱ—*3石川啄木　　イ　Ⅰ—寺内正毅　　Ⅱ—伊藤博文
ウ　Ⅰ—石川啄木　　Ⅱ—伊藤博文　　エ　Ⅰ—石川啄木　　Ⅱ—寺内正毅

《注》

＊1　「小早川　加藤　小西」…小早川隆景，加藤清正，小西行長のこと。いずれも豊臣秀吉による朝鮮出兵のときに出陣をした戦国武将である。秀吉の死により撤退に転じた。

＊2　寺内正毅…軍人・政治家。初代朝鮮総督として，武断政治を行った。

＊3　石川啄木…詩人。大逆事件をきっかけに，社会主義に接近した。

【E】　1929年10月，ニューヨークの株式市場で株価が大暴落して取り付けさわぎが起こり，多くの銀行が倒産して恐慌となりました。アメリカは，多くの国に資金を貸していたため，⑥恐慌は世界中に広がり，ほかの国々にも深刻な不況をもたらしました。

(7)　下線部⑥について，次の問いに答えなさい。

①　世界恐慌に関して述べた文として誤っているものを，次のア～エから1つ選び，記号で答えなさい。☐

ア　イタリアでは，経済の行きづまりを解決するため，ムッソリーニがエチオピアを侵略してこれを併合した。

イ　イギリスでは，本国と植民地や，関係の深い国や地域との貿易を拡大する一方，それ以外の国の商品に対する関税を高くした。

ウ　ドイツでは，ヒトラーのひきいるナチスが混乱の中で勢力を大きくのばし，議会で第一党になった。

エ　日本では，昭和恐慌が起こり，そのあとに発生した関東大震災とともに，経済に大きな打撃を受けた。

② 右のグラフは，世界恐慌前後（1927～1935年）の主な国の鉱工業生産を示したものです。1929年を100とした数値（指数）で，それぞれの国の生産量の変化を表しています。これについて述べた次の文中の空欄（ X ）～（ Z ）にあてはまる語句の組み合せとして正しいものを，後のア～カから1つ選び，記号で答えなさい。なお，グラフ中のX・Zは文中の（ X ）・（ Z ）と同じ国を示しています。□

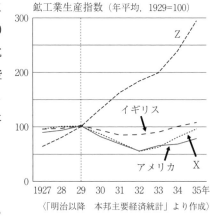

鉱工業生産指数（年平均，1929＝100）

〈「明治以降　本邦主要経済統計」より作成〉

　世界恐慌の影響が特に顕著（けんちょ）だったのは，アメリカと第一次世界大戦の敗戦国でもある（ X ）であった。一方で，（ Y ）など独自の経済体制をとっていた（ Z ）は，世界恐慌の影響を受けることなく成長を続けた。

ア　X―ドイツ　　　Y―五か年計画　　　Z―ソ連

イ　X―ドイツ　　　Y―五か年計画　　　Z―中国

ウ　X―ドイツ　　　Y―ニューディール政策　　　Z―ソ連

エ　X―イギリス　　　Y―ニューディール政策　　　Z―ソ連

オ　X―イギリス　　　Y―ニューディール政策　　　Z―中国

カ　X―イギリス　　　Y―五か年計画　　　Z―ソ連

【F】　1937年7月，盧溝橋（ろこうきょう）事件をきっかけに⑦日中戦争が始まりました。この戦争が長期化するにつれて，日本では戦時体制を整えていきました。また，⑧植民地の朝鮮では「国語」として日本語を教えたり，皇居に向かっての敬礼や神社参拝の強制などが行われ，戦時動員もなされるようになりました。日本は近衛内閣（このえ）のもと，石油やゴムなどの資源を獲得しようとして，フランス領インドシナ北部に軍を進めました。さらに，⑨日本の北方の安全を確保したうえで，1941年7月にはフランス領インドシナ南部へも軍を進めました。

(8) 下線部⑦に関して述べた次のX・Yの文を読み，どちらも正しければア，Xのみ正しければイ，Yのみ正しければウ，どちらも誤っていればエ，の記号で答えなさい。□

X　毛沢東（もうたくとう）が率いる国民党と，蔣介石（しょうかいせき）を指導者とする共産党は，日本との戦争のために協力し合うことを決め，抗日民族統一戦線（こうにちみんぞくとういつせんせん）を結成した。

Y　アメリカやイギリスは，フランス領インドシナなどからのルートをもちいて，拠点を重慶（じゅうけい）

に移した蒋介石を支援した。

(9)　下線部⑧について，このような政策を何といいますか，解答欄に合わせて漢字 3 字で答えな
さい。 □□□ 政策

(10)　下線部⑨について，1941 年 4 月に日本が北方の国と結んだ条約を何といいますか，答えなさ
い。 □□□□□

2　次の略年表を見て，(1)，(2)に答えなさい。　　　　　　　　　　　　　　　　(国立高専)

略年表

日本の出来事	中国の出来事
大宝律令が施行される 藤原良房が摂政になる	隋がほろび，王朝 A が中国を統一する
白河上皇が院政をはじめる	王朝 A がほろぶ 王朝 B がおこる
X	
建武の新政がおこなわれる	フビライ＝ハンが 王朝 C の皇帝となり，中国を支配する
	王朝 D によって，王朝 C が北に追われる

(1)　次の史料中の下線部「中国」には，略年表中の中国の王朝 A から D のいずれかが当てはまる。
史料中の「中国」と同じ王朝を，後のアからエのうちから 1 つ選び，記号で答えなさい。なお，史
料は現代語に訳し，わかりやすくするために一部を補足したり省略したりしてある。 □□□

史料
　12 月 21 日。来年，中国に船を派遣することが決定した。…中略…今日，これまで二度中国行きの船
に乗っているある商人と語り合ったところ，勘合を用いた中国との交易で利益をあげるには，生糸の交
易に勝るものはないという。日本から 10 貫文分の銅を運んで，中国で生糸に交換して持ち帰れば，日
本で 40 貫文にも 50 貫文にもなるという。　　　　　　　　　　　　　　(『大乗院寺社雑事記』)
　　※貫文…銭貨の単位

ア　王朝 A　　イ　王朝 B　　ウ　王朝 C　　エ　王朝 D

(2)　略年表中の X の時期に，日本でおこった出来事として正しいものを，次のアからエのうち
から 1 つ選び，記号で答えなさい。 □□□

ア　宮廷で天皇のきさきに仕えた紫式部が『源氏物語』を書いた。

イ　後鳥羽上皇は幕府を倒すために兵を挙げたが，敗れて隠岐へ流された。

ウ　天智天皇の死後，皇位継承をめぐっておこった内乱に勝利した天武天皇が即位した。

エ　観阿弥と世阿弥の父子は，猿楽や田楽などの芸能から能を大成させた。

3 次の A～F の文を読んで，後の各問いに答えなさい。 (京都文教高)

A　オーストリアの皇太子夫妻が，（　1　）でセルビア人の青年に暗殺されました。オーストリアはセルビアに宣戦布告し，間もなく各国も参戦して，同盟国と連合国に分かれて，①戦争が始まりました。

B　甲午農民戦争の鎮圧のため，朝鮮の政府が中国に出兵を求めたことに対抗して日本も朝鮮に出兵したため，日本と中国の軍隊が衝突し，②戦争に発展しました。

C　ドイツは，ソ連と不可侵条約を結んだうえで，（　2　）に侵攻しました。これに対して，イギリスやフランスは，（　2　）との同盟を理由にドイツに宣戦布告し，③戦争が始まりました。

D　満州を支配下においた日本は，さらに中国北部に侵入しました。そして北京郊外の（　3　）付近で起こった日中両国軍の武力衝突をきっかけに，④戦争が始まりました。

E　条約改正に最も消極的だったイギリスが，次第に交渉に応じるようになりました。⑤戦争開始の直前，（　4　）外務大臣は日英通商航海条約を結び，領事裁判権の撤廃に成功しました。

F　（　5　）の後，日本は，韓国を保護国にして外交権をうばい，韓国統監府を置きました。初代統監には（　6　）が就任しました。韓国の皇帝を退位させ，軍隊も解散させた日本に対して韓国国内では義兵運動が広がりました。その後，日本は韓国を併合し，植民地としました。

(1)　（　1　）にあてはまるものを次のア～エから1つ選び，記号で答えなさい。 □
　　ア　パリ　　イ　ベルリン　　ウ　サラエボ　　エ　バグダッド

(2)　（　2　）にあてはまるものを次のア～エから1つ選び，記号で答えなさい。 □
　　ア　ユーゴスラビア　　イ　ハンガリー　　ウ　オランダ　　エ　ポーランド

(3)　（　3　）にあてはまるものを次のア～エから1つ選び，記号で答えなさい。 □
　　ア　奉天　　イ　盧溝橋　　ウ　柳条湖　　エ　重慶

(4)　（　4　）にあてはまるものを次のア～エから1つ選び，記号で答えなさい。 □
　　ア　小村寿太郎　　イ　陸奥宗光　　ウ　新渡戸稲造　　エ　井上馨

(5)　（　5　）にあてはまるものを次のア～エから1つ選び，記号で答えなさい。 □
　　ア　日清戦争　　イ　日露戦争　　ウ　日中戦争　　エ　太平洋戦争

(6)　（　6　）にあてはまるものを次のア～エから1つ選び，記号で答えなさい。 □
　　ア　原敬　　イ　桂太郎　　ウ　伊藤博文　　エ　東条英機

(7)　下線部①～⑤について，次のア～コから同じ戦争の組み合わせを1つ選び，記号で答えなさい。
　　　　　　　　　　　　　　　　　　　　　　　　　　　　　　　　　　　　　□
　　ア　①と②　　イ　①と③　　ウ　①と④　　エ　①と⑤　　オ　②と③　　カ　②と④
　　キ　②と⑤　　ク　③と④　　ケ　③と⑤　　コ　④と⑤

(8)　A～F を年代の古いものから順にならべかえた時，最も新しいものはCになります。次のア～エのうち，Cよりも後に起こった出来事はどれですか。1つ選び，記号で答えなさい。 □
　　ア　三・一独立運動　　イ　真珠湾攻撃　　ウ　五・一五事件　　エ　世界恐慌

出題率 社会　公民・・・出題率グラフ

=本書の収録単元

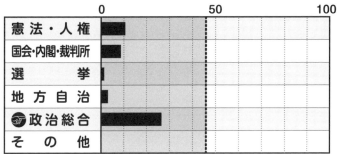

政治　46.5%

憲法・人権
国会・内閣・裁判所
選挙
地方自治
政治総合
その他

経済　31.7%

経済のしくみ
財政・金融
社会保障
経済総合
その他

国際　4.2%

国際関係
地球的課題
国際総合

公民総合　52.3%

公民総合

① 公民総合

❖おさえておきたい重要項目

❋政治・経済・国際の各分野を	□ 少子高齢化の進行
総合した問題における	□ SDGs（持続可能な開発目標）
注目テーマ❋	□ 環境問題　　など
□ 情報化の進展	

例題 ◀情報化の進展▶

■ 次の文章を読み，各問いに答えなさい。 　　　　　　　　　　　　（大阪商大高）

日本国憲法には，様々な人権が規定されています。しかし，産業の発達や科学技術の発展，ₐ情報化の進展などにともない，「新しい人権」が主張されるようになりました。それが，環境権や自己決定権，知る権利などです。また，ᵦ情報社会では様々な個人情報が本人の知らない間に収集され，悪用されてしまうことがあります。そのため，国や自治体，企業などは，個人情報を慎重に管理することが義務付けられています。

(1) 下線部 a に関連して，情報化の進んだ社会において必要とされる，情報を正しく利用する力を何というか，正しいものを次のア～エから1つ選び，記号で答えなさい。

ア　メディア・リテラシー 　　　イ　ソーシャル・ネットワーク

ウ　バーチャル・リアリティー 　エ　ユニバーサル・デザイン

(2) 下線部 b について，情報社会において課題とされていることとして，誤っているものを次のア～エから1つ選び，記号で答えなさい。

ア　個人情報や知的財産権の保護

イ　他人の ID やパスワードを使った不正アクセスからの防御

ウ　オンラインショッピングやネットオークションの実現

エ　コンピューターウイルスによるサイバー攻撃からの防御

解説

(1) 似通った情報を比較することや，情報の発信元を確認するなどの作業を通して高められる能力。

(2) ウはすでに実現している内容となっている。

アは各種の法令によって，イやエはセキュリティソフトやウイルス対策ソフトの開発などによって保護や防御が行われている。

解答 (1) ア　　(2) ウ

例題　◀少子高齢化▶

■　財政について，少子高齢化の進展により，医療費や年金などのための費用の増加に伴い，国債に頼る部分も増えています。また，過疎化により，自主財源が確保できない地方公共団体も多く，国からの依存財源に頼らざるを得ない現状があります。次の図中の X 〜 Z と予算項目①〜③の組み合わせとして正しいものを，右のア〜カのうちから 1 つ選び，記号で答えなさい。

(龍谷大付平安高)

	X	Y	Z
ア	①	②	③
イ	①	③	②
ウ	②	①	③
エ	②	③	①
オ	③	①	②
カ	③	②	①

9.7%
5.3%
5.5%
6.1%
33.3%
16%
24.1%

□ X
□ Y
□ Z
□ 公共事業関係費
□ 文教および科学振興費
□ 防衛関係費
□ その他

2017 年度　一般会計当初予算
総額 97 兆 4547 億円

(出典　東京書籍『新しい社会公民』より作成)

図

①　国債費　　②　地方交付税交付金など　　③　社会保障関係費

解説

図は国の歳出について表している。

X … 割合が 33.3％と最も高くなっているので，医療費や年金の支払いなどに充てられる社会保障関係費とわかる。少子高齢化が進む日本では，今後も社会保障関係費の歳出が増えると考えられる。

【人口ピラミッドでみる日本の少子高齢化の進行】

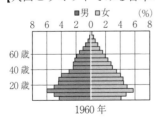
1960 年

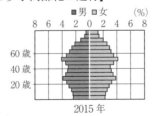
2015 年

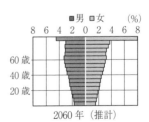
2060 年（推計）

(出典　統計局及び国立社会保障・人口問題研究所より作成)

Y … 国債費は国が国民などからする借金（国債）のための返済費用のこと。

Z … 地方交付税交付金は，地方公共団体間の財政格差を縮小するために，国から配分されている。

解答　オ

例題 ◀SDGs▶

■　フェアトレードは，貿易のしくみをより公平・公正にすることにより，特に開発途上国の小規模生産者や労働者が，自らの力で貧困から脱却し，地域社会や環境を守りながら，サステナブルな世界の実現を目指す取組みである。この取り組みは，SDGs に掲げられている目標 17 項目のうち，いくつかの項目に相当するといわれているが，それはどれか。後のア～エから１つ選び，記号で答えなさい。　　　　　　　　　　　　　　（大阪高）

SDGs17 の目標

SDGs（Sustainable Development Goals：持続可能な開発目標）とは，2015 年 9 月の国連サミットで加盟国の全会一致で採択された「2030 年までに持続可能でよりよい世界を目指す国際目標」です。

【外務省ホームページより】

ア　すべての人に健康と福祉を　　イ　エネルギーをみんなに　そしてクリーンに
ウ　つくる責任　つかう責任　　　エ　住み続けられるまちづくりを

解説

　目標 12 のターゲットの実現方法の 1 つとして，「**開発途上国が，より持続可能な消費や生産の形をすすめられるよう，科学的および技術的な能力の強化を支援する。**」と掲げられている。

　なお，SDGs には「**17**」の目標があり，以下のようになっている。

1．貧困をなくそう
2．飢餓をゼロに
3．すべての人に健康と福祉を
4．質の高い教育をみんなに
5．ジェンダー平等を実現しよう
6．安全な水とトイレを世界中に
7．エネルギーをみんなに。そしてクリーンに
8．働きがいも経済成長も
9．産業と技術革新の基盤を作ろう
10．人や国の不平等をなくそう
11．住み続けられるまちづくりを
12．つくる責任、つかう責任
13．気候変動に具体的な対策を
14．海の豊かさを守ろう
15．陸の豊かさも守ろう
16．平和と公正をすべての人に
17．パートナーシップで目標を達成しよう

解答 　ウ

例題 ◀環境問題▶

■　次の図は地球環境問題の相互関係を示したものであり，図中の空欄ア〜エには，砂漠化，オゾン層破壊，温暖化，酸性雨のいずれかが入る。砂漠化が入る最も適当なものを，ア〜エから1つ選び，記号で答えなさい。

（平安女学院高）

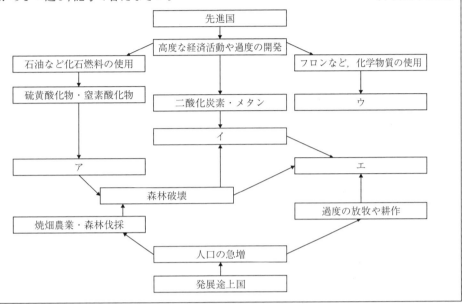

解説

ア…硫黄酸化物・窒素酸化物が原因物質とわかるので，「**酸性雨**」があてはまる。

　　酸性雨には，通常よりも強い酸性物質が含まれており，このような雨が降ることで，河川や湖沼・土壌の酸性化を招くとともに，森林の荒廃やコンクリートを溶かしたり，金属にサビをつくるといった現象が起こっている。

　　被害を防止するため，原因物質の排出を抑えること以外にも，国際的な**酸性雨**の監視・観測体制が整えられている。

イ…二酸化炭素・メタンなどの**温室効果ガス**が原因物質とわかるので，「**温暖化**」があてはまる。

　　二酸化炭素などには，地球の表面（海洋・陸地）から地球の外に向かう熱を大気に蓄積して，ふたたび地球の表面へと熱を戻す「**温室効果**」があり，これによって地球温暖化が進んでいる。

　　進行をくい止めるために，**パリ協定**などの国際的な枠組みが形成されている。

ウ…フロンが原因物質とわかるので，「**オゾン層破壊**」があてはまる。

　　フロンはかつて冷蔵庫，エアコン，スプレーなどに用いられていたことから大気中に大量に放出されていた。これがオゾン層を破壊し，紫外線が地表に直接届いてしまっていたが，現在はフロンの使用が禁止されるなどの対策が講じられている。

エ…過度の放牧や耕作が原因となっているので，「**砂漠化**」があてはまる。

　　砂漠化することで土地が劣化し，人も住めない環境となっている場所も多い。

解答　エ

STEP UP

1 次の資料Ⅰ〜Ⅳを読み，各問いに答えなさい。　　　　　　　　　　　　　　　　　　　（京都橘高）

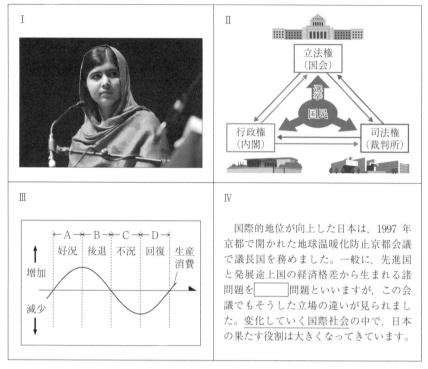

(1) 資料Ⅰについて，各問いに答えなさい。

① 次の文は，2013 年にマララ・ユスフザイさんが国連本部でおこなったスピーチの一部である。
　　　　には，社会的性差を意味する言葉が入る。その語句をカタカナ 5 字で答えなさい。

> …私たちは先進国に対し，開発途上地域の女児の教育機会拡大を支援するよう呼びかけます。私たち
> はすべてのコミュニティに対し，寛容の心でカースト，信条，宗派，人種，宗教，　　　　による偏見
> を拒絶するよう呼びかけます。それはまた，女性の自由と平等を確保し，豊かな暮らしを送れるよ
> うにすることでもあります。半数の人間が抑圧されている世の中が，うまく行くはずなどないから
> です。…

（国際連合広報センターホームページより作成）

② 発効当初より改正が行われている男女雇用機会均等法では，従業員の雇用に関して，直接的
な性差別を禁止するだけではなく，第 7 条において間接差別とよばれる差別を禁止する規定が
設けられている。この間接差別とは，労働者の性別以外の事由を要件とするもののうち，さま
ざまな要件を設けて性差別をおこなうことを意味する。このことを踏まえ，次のある運送業者
の求人票の下線部ア〜オのうち，女性に対する間接差別に該当すると考えられるものを 1 つ選
び，記号で答えなさい。

求人票	
募集職種	₇ ドライバー
勤務地	本社（京都府）
勤務時間	8:30〜17:00
勤務開始日	2022 年 4 月 1 日
待遇	月収 20 万円以上
定年	₍ 男性60歳　女性50歳
休日休暇	休日　　：土日，祝日，年末年始 有給休暇：年次有給休暇 　　　　　特別有給休暇（忌引き，結婚，出産，裁判員など）
応募資格	₍ 普通自動車免許保有 ₍ 2000年 4 月 2 日以前に出生したもの ₍ 身長180cm以上の者

(2) 資料Ⅱについて，各問いに答えなさい。

① 最高裁判所が出した違憲判決について説明した文として最も適切なものを次のア〜エから 1 つ選び，記号で答えなさい。　　　　　

ア　一票の格差をもたらす比例代表制が違憲とされたことがあるが，政治の混乱を防ぐために選挙自体は無効とならなかった。

イ　以前は海外に住む日本人に選挙権が認められていなかったが，内閣が適切な立法を行わなかったことを理由に違憲とされた。

ウ　夫婦の姓に関する民法の条文が違憲とされたため，現在は結婚後に夫と妻が異なる姓を名乗ることができるようになった。

エ　政治と宗教を分けなければならないとする政教分離の原則に基づいて，県が神社に公金を納めた行為が違憲とされた。

② 国民主権またはそれを実現するための制度についての記述として誤っているものを次のア〜エから 1 つ選び，記号で答えなさい。　　　　　

ア　憲法改正は国民投票によって承認されるが，憲法改正案を発議する権限は国会がもっている。

イ　国民は，その属する地方公共団体の長や議員を，直接選挙で選ぶことができる。

ウ　国民は，その属する地方公共団体の条例について，制定または改正や廃止を請求することができる。

エ　最高裁判所の裁判官に対する国民審査は，衆議院議員および参議院議員の選挙のときに行われる。

③ 次の人物 1〜3 は，戦後の総理大臣在職日数（通算）上位 3 位までの総理大臣である。在職期間が長い順に並べたものとして最も適切なものを後のア〜エから 1 つ選び，記号で答えなさい。

　　　　　1　　　　　　　　　　2　　　　　　　　　　3

　ア　3→1→2　　イ　3→2→1　　ウ　2→1→3　　エ　2→3→1

④　比例代表制の当選者数の決定は，ドント方式によって計算される。定数が6人の選挙がおこなわれた場合，次の表中の党X～Zの当選者数（ a ）～（ c ）の組み合わせとして最も適切なものを後のア～エから1つ選び，記号で答えなさい。　□□□□

> ドント方式による議席配分のしくみ
> ①　始めに各政党の得票数を1，2，3…の整数で割る。
> ②　次に①で得られた商の大きな順に，定数まで各政党に配分する。

	X党	Y党	Z党
得票数	600万	450万	240万
÷1	600万	450万	240万
÷2			
÷3			
当選者数	（ a ）人	（ b ）人	（ c ）人

　ア　a－3　　b－2　　c－1　　イ　a－3　　b－3　　c－0

　ウ　a－2　　b－2　　c－2　　エ　a－2　　b－3　　c－1

(3)　資料Ⅲについて，各問いに答えなさい。

①　図中Aの状態における市場のようすと企業の活動を述べた文として最も適切なものを次のア～エから1つ選び，記号で答えなさい。　□□□□

　ア　商品の売れ行きが悪くなり，工場で生産を減少させる。

　イ　商品の売れ行きが良くなり，工場で生産を増加させる。

　ウ　商品の需要が供給を上回り始め，工場で生産が少しずつ回復する。

　エ　商品の供給が需要を上回り始め，工場で生産を少しずつ減少させる。

②　図中Cの時期に行われる経済政策を述べた文として誤っているものを次のア～エから1つ選び，記号で答えなさい。　□□□□

　ア　日本銀行は，有価証券などを売る。

　イ　日本銀行は，政策金利を下げる。

　ウ　日本銀行は，一般銀行から国債を買う。

　エ　日本銀行は，銀行間での金利を引き下げる。

(4)　資料Ⅳについて，各問いに答えなさい。

　　①　文中の ◻ にあてはまる語句を解答欄に合うように漢字2字で答えなさい。　◻

　　②　下線部について，2016年6月23日の国民投票でのEU離脱選択から約4年半の歳月を経て，離脱協定に基づき2020年1月31日にEUを離脱した国として最も適切なものを次のア～エから1つ選び，記号で答えなさい。　◻

　　　　ア　ロシア　　イ　エジプト　　ウ　イギリス　　エ　アイスランド

2　グループA～Dの「貿易ゲーム」のようすを見て，後の問いに答えなさい。　　　　　　（大阪青凌高）

先生の説明

　　まずは，3人～4人のグループを4つつくってください。次に，あらかじめ道具（ハサミ，鉛筆，定規，コンパス）と資源（紙）の入った袋をグループのリーダーに渡します。

　　グループは国家で，みなさんはその国民です。このゲームの目的はできるだけ多くのお金を稼ぐことです。お金を稼ぐためには，製品見本図にあるように，渡された袋の中に入っている紙を切りとって，製品をつくり，先生に持ってくることが必要です。先生は製品の品質をチェックした上でお金を支払います。他のグループと協力・交渉することは自由です。グループ内で役割分担をするなどして，効率よくお金を稼いでください。

　　先生がゲームを進行します。ゲームの途中でさまざまなイベントが発生します。先生の言うことは注意して聞くようにしてください。

製品見本図

| | ¥5,000 | ¥2,000 | ¥3,000 | ¥1,500 | ¥2,000 |

袋の中身

	ハサミ	鉛筆	定規	コンパス	紙
A	3個	2本	2個	1個	2枚
B	2個	2本	1個	2個	1枚
C	0個	1本	1個	0個	4枚
D	0個	1本	0個	0個	10枚

貿易ゲーム開始から終了までの動向

先生：それでは貿易ゲームをスタートします。

C　：Aグループのハサミ1個と，わたしたちの紙2枚を交換してください。

A　：紙3枚なら交換しますよ。

C　：3枚かぁ……やめておきます。

B　：Cグループのみなさん，それではハサミをレンタルしますので，おたがいに協力して生産しましょう。利益は二等分です。

〈BグループとびCグループの双方がハサミを2個持っているとみなす。〉

C　：それには賛成です！

D　：Aグループのハサミ1つと鉛筆1本と，わたしたちの紙4枚を交換しましょう。

A　：それならいいでしょう。これで①生産体制が整いました。

〈各グループスタートと同時に生産を開始するが，円形を②生産できるのはコンパスを持ったAグループとBグループに限られた。〉

〈イベント1～4が発生〉

発生したイベント

【イベント1】　Aグループで政権交代が起こり，法人税の増税を訴えるリーダーが就任。

Aグループ通貨が売られた。

⇒Aグループは定規と鉛筆が1つずつ減る。

【イベント2】　Bグループでは経済が停滞し不況に陥った。

⇒Bグループはハサミとコンパスが1つずつ減る。

【イベント3】　Cグループでは技術革新により経済が発展した。

⇒Cグループはハサミとコンパスが1つずつ，紙が2つ増える。

【イベント4】　Dグループと他グループとの間で戦争がおこった。

⇒Dグループは紙が2枚減る。

先生：ゲーム終了です。それでは結果を見ていきましょう。

1位	□グループ

先生：1位の□グループ，おめでとうございます。

□　：ありがとうございます。やはり全グループの中で最終的に道具と資源の合計保有数が最も多かったからお金を稼げたのが勝因ですね。

(1)　下線部①に関して，右の図は，ある製品の需要曲線と供給曲線をえがいたものであり，PかQがそのいずれかである。もし，現実社会において，その製品が需要量をこえて生産された場合，起こりうる供給曲線の動きをあらわしたものとして最も適切なものを，右のア～エの中から1つ選び，記号で答えなさい。□

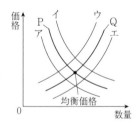

(2)　下線部②に関して，このような状態は現実の社会でも起きている。この状態に最も近いものとして最も適切なものを，次のア～エの中から1つ選び，記号で答えなさい。□

ア　商品の生産を一国のみでおこなわず，各国がそれぞれの得意分野の商品を生産し，貿易によってそれらを交換している状態。

イ　国内の産業が空洞化している状態。

ウ　人・商品・お金・情報などが国境を越えて移動し，世界が一体化している状態。

エ　少数の企業が生産や販売市場を支配している状態。

(3)　【イベント1】に関して，次の問いに答えなさい。

①　政権交代による緊張感を感じやすく政局が安定するという長所と，少数意見が反映されにくいという短所を持つ二大政党制の政治体制の国として最も適切なものを，次のア～エの中から1つ選び，記号で答えなさい。□

ア　中国　　イ　アメリカ　　ウ　イタリア　　エ　朝鮮民主主義人民共和国

②　法人税は税金の一種であり，税金を納めることは国民の義務である。国民の義務について述べた次の文X・Yについて，その正誤の組み合わせとして最も適切なものを，後のア～エの中から1つ選び，記号で答えなさい。□

X　保護する子女に普通教育を受けさせる義務がある。

Y　働く能力がある人は，働く義務がある。

ア　X―正　　Y―正　　イ　X―正　　Y―誤　　ウ　X―誤　　Y―正

エ　X―誤　　Y―誤

③　このあとAグループで発生すると予想されることとして最も適切なものを，次のア～エの中から1つ選び，記号で答えなさい。□

ア　輸出価格が高くなり，輸出量が増える。　　イ　輸出価格が低くなり，輸出量が増える。

ウ　輸出価格が高くなり，輸出量が減る。　　エ　輸出価格が低くなり，輸出量が減る。

(4)　【イベント2】に関して，次の問いに答えなさい。

①　このような状況のとき景気回復に向けてBグループがとる行動として最も適切なものを，次のア～エの中から1つ選び，記号で答えなさい。□

ア　公共事業を増やして，増税をおこなう。　　イ　公共事業を増やして，減税をおこなう。

ウ　公共事業を減らして，減税をおこなう。　　エ　公共事業を減らして，増税をおこなう。

②　2008年にアメリカの証券会社が破綻したことをきっかけに金融に対する不安が高まり，世界中の株価が急落した。このできごとを何というか，答えなさい。□

(5)　【イベント3】に関して，次の文の（　　）にあてはまる最も適切な語を，5字で答えなさい。

□□□□□

経済発展の1つの要因として，人々が自由に経済活動をおこない競争することが挙げられる。日本では，憲法において経済活動の自由が保障されているが，社会の大多数の人々の利益のため，つまり（　　）によって制限される場合もある。

(6)　【イベント4】に関して，核兵器は多くの人々を一瞬で死傷させ，放射線の影響は被爆者の身体に長い期間にわたって後遺症を残す。核兵器を「持たず，作らず，持ちこませず」という日本政府の基本方針を何というか，答えなさい。□

(7)　最終的に貿易ゲームで1位となったグループはどこか，答えなさい。□

② 政治総合

❖おさえておきたい重要項目

> ❖近年の入試問題における
>
> 政治分野の注目テーマ❖
>
> □ 裁判員制度
>
> （しくみや課題が中心）
>
> □ 選挙制度
>
> （例：選挙権年齢の引き下げ，
>
> 一票の格差，ドント式）
>
> □ コロナ禍の地方自治　など

例題 ◀司法制度▶

■ 次の文章を読み，後の各問いに答えなさい。 （京都成章高）

　裁判所および裁判官・弁護士・ 1 の法曹三者も国民の権利を守る役割をになっている。特に裁判所の中でも最も高い地位にある最高裁判所は違憲法令審査権を最終的に行使する立場にあるため「憲法の 2 」とも呼ばれている。また近年では司法制度の民主化を意図して裁判員制度も導入されている。

(1) 文章中の空欄 1 にあてはまる語句を漢字3文字で答えなさい。ただし 1 は刑事裁判のときに，被疑者を起訴する役割をになっている。

(2) 文章中の空欄 2 にあてはまる語句を答えなさい。

(3) 文章中の下線部について述べた文として正しいものを，次のア～エから1つ選び，記号で答えなさい。

ア　裁判員制度の対象となるのは民事裁判である。

イ　裁判員と裁判官はともに公判に出席して，有罪か無罪かを決める。

ウ　有罪の場合，裁判員は刑罰の内容を決めない。

エ　裁判員は第三審まで参加する。

解説

(1) **検察官**は起訴のために警察と協力し，自らも捜査をしている。

(2) **違憲法令審査権**は，法律などが憲法に違反していないかを審査し，違憲の場合はそれを無効とする権限。すべての裁判所がもつ権限だが，最高裁判所が最終的判断を下すことになっている。

(3)ア　「民事裁判」ではなく，刑事裁判が正しい。

ウ　裁判員は，裁判官と共に被告人の有罪や無罪を，また，有罪の場合には刑罰の内容までを決める。

エ　「第三審まで」ではなく，第一審にのみ参加する。

解答 (1) 検察官　(2) 番人　(3) イ

例題　◀ 選挙制度① ▶

■　高校生の C さんは選挙の仕組みによって民意がどれくらい反映されるか，調べてみることにしました。次の場合，1 区から 3 区までの死票は合計で何票になりますか，答えなさい。
(大谷高)

《小選挙区制の選挙結果》

選挙区	1 区		2 区			3 区	
候補者	a	b	c	d	e	f	g
政党名	ブドウ党	メロン党	ブドウ党	メロン党	バナナ党	リンゴ党	バナナ党
得票数	120	90	100	20	50	60	110

解説

小選挙区制において，**各選挙区での当選者は 1 人のみ**。よって，他の候補者に投じられた票が**死票**となる。

1 区では，a が当選し，b が落選するので死票は 90 票。

2 区では，c が当選し，d・e が落選するので死票は 20＋50 で 70 票。

3 区では，g が当選し，f が落選するので死票は 60 票。

よって，90＋70＋60＝ 220 票となる。

解答　220 票

例題　◀ 選挙制度② ▶

■　ある選挙において，次の《表》のような投票結果になった。比例代表制のもと，定数が 5 人の場合，誰が当選したか。ドント方式に基づいて答えなさい。
(福岡大附若葉高)

《表》

政党名	政党の得票数	名簿の順位			
		1 位	2 位	3 位	4 位
X 党	600 票	A さん	B さん	C さん	D さん
Y 党	420 票	E さん	F さん	G さん	H さん
Z 党	250 票	I さん	J さん	K さん	L さん

解説

ドント方式では，各政党の得票数を，÷1，÷2 …と順に自然数で割り，商の大きな順に当選者を各政党に配分していく。

よって，各候補者の得票数は，

X党 … A さん（600 票），B さん（300 票），C さん（200 票），D さん（150 票）

Y党 … E さん（420 票），F さん（210 票），G さん（140 票），H さん（105 票）

Z党 … I さん（250 票），J さん（125 票），K さん（約 83 票），L さん（約 63 票） となる。

解答　A さん・B さん・E さん・F さん・I さん

STEP UP

1 次の資料Ⅰ～Ⅲをみて，後の各問いに答えなさい。　　　　　　　　　　　　（光泉カトリック高）

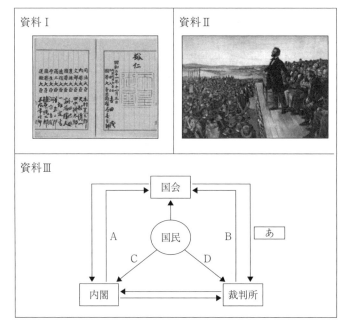

資料Ⅰ

資料Ⅱ

資料Ⅲ

(1) 資料Ⅰは，日本国憲法の原本です。これに関連して，次の各問いに答えなさい。

① 天皇が日本国憲法に従って行うことができる国事に関する行為として間違っているものを次のア～エの中から１つ選んで，記号で答えなさい。　　　　　

ア　衆議院の解散　　イ　内閣総理大臣の指名　　ウ　最高裁判所長官の任命

エ　国会の召集

② 日本国憲法の改正手続きにおいて，国会による憲法改正の発議の後に行われる，国民にその可否を問う制度の名称を漢字で答えなさい。　　　　　

(2) 資料Ⅱと次の文章を読んで，後の各問いに答えなさい。

第16代アメリカ合衆国大統領リンカーンはゲティスバーグで行った演説の中で，「government of the people，　X　 the people, for the people」と述べました。

この精神は，民主主義政治の基本となりました。

みんなのことはみんなで決めるという考え方を民主主義といいます。日本は憲法で，国民が政治のあり方を最終的に決めることを定めています。今日の民主政治は，国民が①選挙で選んだ代表者によって構成される議会を中心に行われます。

日本の②国会は衆議院と③参議院の両院からなる二院制をとっており，国民のさまざまな意見や利益が政治に反映されるように民主主義を実現するための仕組みがとられています。

また，地方自治は住民の日常生活と深い関わりがあり，④地方自治においてのみ認められている住民の権利もあります。地域の人が直接参加しながら，地域のことを合意で決めていく経験を

積めるので，地方自治は「民主主義の学校」と言われています。

①　文中の　X　に入る英単語を答えなさい。

②　下線部①について，日本の選挙の特徴として正しいものを次のア～オの中からすべて選んで，記号で答えなさい。

　　ア　各選挙区における議員1人あたりの有権者数が異なり，有権者のもつ一票の価値に地域差が生じている。

　　イ　一票の格差問題を正すために，投票時間の延長や期日前投票の導入などの対策がなされた。

　　ウ　小選挙区制は，政権が安定するといわれているが，少数意見が反映されにくいという問題がある。

　　エ　比例代表制は，小選挙区制と比べて死票が多く，国民のさまざまな意見が反映されにくい特徴をもっている。

　　オ　選挙区・選挙運動・投票など，選挙の方法については，公職選挙法で定められている。

③　下線部②について，国会の働きとして正しいものを次のア～エの中から1つ選んで，記号で答えなさい。

　　ア　必要な政令を定め，外国と条約を結ぶ。

　　イ　最高裁判所長官を指名する。

　　ウ　国の内政や外交の基本方針を検討して決定する。

　　エ　内閣の作成した予算の審議と議決を行う。

④　下線部③について，被選挙権が与えられる年齢が参議院議員と同じものを次のア～エの中から1つ選んで，記号で答えなさい。

　　ア　衆議院議員　　　イ　都道府県知事　　　ウ　都道府県議会議員　　　エ　市（区）町村長

⑤　下線部④について，直接請求権の説明として正しいものを次のア～エの中から1つ選んで，記号で答えなさい。

　　ア　議会の解散請求は，首長に対して行われ，有権者の3分の1以上の署名が必要である。

　　イ　監査請求は，監査委員に対して行われ，有権者の3分の1以上の署名が必要である。

　　ウ　首長の解職請求は，選挙管理委員会に対して行われ，有権者の50分の1以上の署名が必要である。

　　エ　条例の制定・改廃請求は，首長に対して行われ，有権者の50分の1以上の署名が必要である。

(3)　資料Ⅲは，日本の三権分立を表した図です。これに関連して，次の各問いに答えなさい。

①　資料Ⅲの　あ　について，不適任であると訴えられた裁判官をやめさせるかどうか決める裁判のことを漢字で書きなさい。　　　　　　裁判

②　資料Ⅲ中のA～Dにあてはまる語句の組合せとして正しいものを次のア～カの中から1つ選んで，記号で答えなさい。

	A	B	C	D
ア	違憲審査	衆議院の解散	世論	国民審査
イ	違憲審査	国民審査	選挙	衆議院の解散
ウ	衆議院の解散	違憲審査	世論	国民審査
エ	衆議院の解散	国民審査	選挙	違憲審査
オ	国民審査	衆議院の解散	世論	違憲審査
カ	国民審査	違憲審査	選挙	衆議院の解散

2 純子さんのクラスでは，社会科の学習のまとめとして，現代社会に見られる課題の中から，テーマを設定し，そのことについて調べました。次の文は，生徒が考えたテーマとテーマ設定の理由の一部です。これらを読み，(1)～(5)に答えなさい。

(和歌山県)

【テーマ】　私たちの意見を政治に反映させるには

【テーマ設定の理由】

　直接民主制では，有権者の意見が政治に直接反映されます。しかし，有権者が多くなると，ⓐ合意をすることが困難なため，多くの国では，ⓑ選挙によって選ばれた代表者が，議会で政治を行っています。日本も，この間接民主制を採用しており，私たちはⓒ国会での話し合いに直接参加することはできません。そこで，私たちの意見を国会での話し合いに反映させるには，どうすればよいか考えることにしました。

【テーマ】　情報化が進む社会でいかに生きるか

【テーマ設定の理由】

　私たちは現在，大量のⓓ情報を簡単に手に入れることができます。情報化が進み，私たちの生活はより豊かで便利なものになりました。しかし，情報システムの障害で社会が混乱したり，ⓔプライバシーの権利を侵害する個人情報の流出が起こったりするなど，様々な問題も生まれています。そこで，これらの問題に対応するには，私たちはどうすればよいか考えることにしました。

---

(1)　下線ⓐに関し，次の説明文は，私たちが対立を解消し，よりよい合意をするための判断基準となる考え方の1つについて述べたものです。この考え方を，後のア～エの中から1つ選び，その記号を答えなさい。 [　　　]

説明文

　全体として，より少ない資源（費用や労力など）が無駄なく使われ，多くの利益を得られる結果になっているか，という考え方。

　ア　効率　　イ　多様　　ウ　協調　　エ　公正

(2)　下線ⓑに関し，次の説明文は，日本の選挙制度の1つである小選挙区制の特徴について述べたものです。説明文中の下線で示された語を，簡潔に説明しなさい。

[　　　　　　　　　　　　　　　　　　　　　　　　　　　　　　　　　　　　]

説明文

　小選挙区制は比例代表制に比べて，選挙区ごとに1名しか当選しないため死票が多くなります。その反面，いずれかの政党が単独で議会の過半数を獲得しやすく，政権が安定するといわれています。

(3) 下線ⓒに関し，図は国会，内閣，裁判所の関係を表したものです。これを見て，後の①，②に答えなさい。

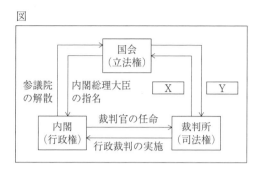

図

① 図のように，権力を立法権，行政権，司法権の3つに分け，それぞれを独立した機関が担当することで，権力のゆきすぎを抑制し合う考え方を何といいますか，書きなさい。

② 図中の　X　，　Y　にあてはまる語句の組み合わせとして正しいものを，次のア～エの中から1つ選び，その記号を答えなさい。

　ア　X―違憲審査の実施　　　　　Y―最高裁判所長官の指名
　イ　X―国民審査の実施　　　　　Y―最高裁判所長官の指名
　ウ　X―違憲審査の実施　　　　　Y―弾劾裁判所の設置
　エ　X―国民審査の実施　　　　　Y―弾劾裁判所の設置

(4) 下線ⓓに関し，新聞やテレビの報道などの情報をそのまま信じるのではなく，何が真実かを冷静に判断する力を何といいますか，書きなさい。

(5) 下線ⓔに関し，次の文は，プライバシーの権利に関わる，ある裁判の内容について述べたものです。文中の下線で示された権利について述べたものとして，最も適切なものを，後のア～エの中から1つ選び，その記号を答えなさい。

文

　　ある作家が月刊誌に小説を発表した後に，登場人物のモデルとなった人物から，記述内容がプライバシーの権利を侵害しているとして，裁判を起こされました。この裁判では，モデルとなった人物がもつプライバシーの権利と，作家がもつ自分の作品を発表する権利のどちらの権利が優先されるかが争点となりました。

　ア　この権利は，憲法に定められている幸福追求権を根拠としている。
　イ　この権利は，自由権の1つである精神の自由（精神活動の自由）に分類される権利である。
　ウ　この権利を初めて規定した憲法は，ワイマール憲法である。
　エ　この権利に基づいて情報公開の制度が整えられた。

3 次の文章を読み，後の問いに答えなさい。　　　　　　　　　　　　　　　　（大阪緑涼高）

2021年秋，(a)衆議院議員総選挙が実施された。コロナ禍を受け，さまざまな問題が噴出していたが，最大の焦点は長年の課題である「一票の格差の是正」であった。前回2019年の(b)参議院議

員選挙については最大格差が 3.00 倍であったが，(c)最高裁判所は 2020 年 11 月に合憲との判断を下した。

　　最高裁判所は，5.00 倍の 2010 年の選挙，4.7 倍の 2013 年の選挙を，それぞれ違憲の一歩手前である違憲状態と断じた。その際に，(d)都道府県単位の仕組み自体を見直すべきであると指摘され，2016 年の選挙で鳥取・島根，徳島・高知の合区が導入された。

　　さまざまな問題を抱えている選挙であるが，現在，世界的に遅れているのが「ジェンダーギャップ指数」の低さである。世界経済フォーラムが発表したものであり，男女の平等指数は 156 ヵ国中 120 位となり，先進国の中で最下位である。特に，政治分野での停滞が顕著で，国会議員に占める女性の比率，閣僚の女性比率は，下位に沈んでいる。(e)1999年には「21世紀のわが国社会を決定する最重要課題」として位置付け，社会のあらゆる活動に男女がともに参加し，責任を担う社会を目指すための法律が施行された。

(1)　下線部(a)について，日本の衆議院議員総選挙は，小選挙区制と比例代表制からなっている。その中の小選挙区制について書かれた次の説明文の空欄にあてはまる語句の組み合わせとして適切なものを，後の選択肢から選択し，記号で答えなさい。　　　　　

〈説明文〉

　　いずれかの政党が，単独で議会の（　①　）の議席を獲得しやすく，政権が安定するといわれるが，（　②　）意見が反映されにくいという問題点がある。

　　ア　①　3分の1　　②　少数　　イ　①　3分の1　　②　多数
　　ウ　①　過半数　　②　少数　　エ　①　過半数　　②　多数

(2)　下線部(b)について，参議院議員選挙の比例代表ではドント方式で各政党の当選人数が決まる。ドント方式で議席を配分したとき，B 党の当選者数を計算し答えなさい。ただし，議員定数は 8 とし，各政党はそれぞれ 8 人の候補者を立てているものとする。　　　　　

政党	A 党	B 党	C 党	D 党	E 党
得票数	660000	540000	108000	96000	20000

(3)　下線部(c)について，最高裁判所の裁判官がふさわしいかどうかを国民が投票によって判断することを何というか答えなさい。　　　　　

(4)　下線部(d)について，慢性的な財源不足に陥っている地方公共団体が多くみられる。格差是正のために国から配分され，使い道が特定されない財源のことを何というか。次の語群から選択し，記号で答えなさい。　　　　　

　　ア　地方税　　イ　地方交付税交付金　　ウ　地方債　　エ　国庫支出金

(5)　下線部(e)について，法律の名前を答えなさい。　　　　　

4　次の文章を読んで，後の(1)〜(5)に答えなさい。　　　　　　　　　　　　　　　（清風高）

　　新型コロナウイルスの感染拡大が続く中，私たちの自由と権利について考えさせられることが多かった。昨年（2021 年）4 月 23 日から 25 日に実施された NHK の①憲法に関する意識調査の中で，「感染拡大の影響で，②憲法で保障されている国民の自由や権利が損なわれることがあったと思い

ますか」の問いに，「思う」と「どちらかといえば，思う」と回答したのは合わせて 38 ％だった。この 2 つを回答したグループに最もあてはまる理由を尋ねると，「③最低限の生活を維持できない人がいたから」（31 ％）が最も多く，2 番目の理由として「移動の自由が制限されたから」（20 ％）をあげていた。

　　政府や④地方自治体が出す「外出自粛」や「営業自粛」はあくまで「要請」であり，この要請によって自由が一部制約されてしまったが，こうしたコロナ禍の問題から，自由と権利について考えるとき，第一優先は「安全」なのか，それとも「経済」なのか，⑤主権者にそのような問いが託されたのである。

(1)　下線部①に関連して，立憲主義や憲法の説明として適当でないものを，次のア〜エから 1 つ選び，記号で答えなさい。　　　　　　

　ア　憲法は国の最高法規であり，下位の法が上位の法に反すると無効となる。

　イ　人権を守るためには，憲法で政治権力を制限することが求められている。

　ウ　立憲主義は，「法の支配」ではなく「人の支配」によって実現される。

　エ　日本国憲法では，基本的人権は「侵すことのできない永久の権利」と定められている。

(2)　下線部②に関連して，最初に発出された緊急事態宣言で全国の学校が休校を余儀なくされ，教育を受ける権利が注目された。憲法で保障されているこの権利と関わりが深い基本的人権を，次のア〜エから 1 つ選び，記号で答えなさい。　　　　　　

　ア　平等権　　イ　自由権　　ウ　社会権　　エ　請求権

(3)　下線部③に関連して，国会は，新型コロナウイルス感染拡大に伴う緊急経済対策のため，特別定額給付金の補正予算を本会議で成立させた。予算について述べた次の文 X・Y の正誤の組み合わせとして正しいものを，後のア〜エから 1 つ選び，記号で答えなさい。　　　　　　

　X　予算は衆議院から先に審議が行われる。

　Y　参議院と衆議院が異なった議決をしたとき，参議院の議決が優先される。

　　ア　X　正　　Y　正　　イ　X　正　　Y　誤　　ウ　X　誤　　Y　正

　　エ　X　誤　　Y　誤

(4)　下線部④について，地方自治体が制定できるものとして正しいものを，次のア〜エから 1 つ選び，記号で答えなさい。　　　　　　

　ア　条例　　イ　政令　　ウ　条約　　エ　法律

(5)　下線部⑤に関連して，国民・住民の政治参加の例として最も適当なものを，次のア〜エから 1 つ選び，記号で答えなさい。　　　　　　

　ア　政府の発出する緊急事態宣言の是非などの重要な問題について，国民による投票によって意見をあきらかにすることができる。

　イ　国は，オンブズマン制度を導入し，国民からの苦情を受けつけている。

　ウ　選挙権年齢が引き下げられ，地方選挙は 18 歳から投票できるが，国政選挙は 20 歳からしか投票できない。

　エ　インターネットを利用した選挙運動が解禁され，有権者は，ウェブサイトや SNS で情報発信することができる。

③ 経済総合

❖おさえておきたい重要項目

❀近年の入試問題における
経済分野の注目テーマ❀

□ 社会保障制度
（財政との複合問題も多い）

□ 労働
（例：働き方の多様化，
女性労働者の待遇など）

□ コロナ禍の経済状況　など

例題 ◀社会保障制度▶

■ 次の文章を読んで，後の問いに答えなさい。 （浪速高）

　2020 年の厚生労働省の発表によると，日本人の平均寿命は，女性 87.74，男性 81.64 と，いずれも過去最高を更新しました。また同年の出生数は 84 万 832 人で，一人の女性が生涯に何人の子どもを産むかを示す（ X ）率は 1.34 と低くなっています。このような少子高齢化の進展は，社会保障費の増大による財政規模の拡大をもたらしています。それに対して，税金のあり方を見直して財源を確保しようとするなどさまざまな対策が取られていますが，依然多くの社会的課題を含んでいます。

(1) 文中の（ X ）に入る最も適当な語句を漢字 6 文字で答えなさい。

(2) 下線部について，次の問いに答えなさい。

① 日本の社会保障制度の柱である A 社会保険，B 公的扶助 と最も関係の深いものを 1 つずつ選び，記号で答えなさい。

ア 生活に困っている人々に生活費や教育費を支給する。

イ 感染症の予防や，上下水道の整備などを行う。

ウ 働くことが困難な人たちの生活を保障し，福祉を向上させる。

エ 病気のときや介護が必要なときに保険金を給付する。

② 高齢化に対応するために，2000 年に新設された 40 歳以上の人が加入する制度を何というか。漢字 6 文字で答えなさい。

解説

(1) 2021年の合計特殊出生率は「1.30」とさらに下がっている。コロナ禍により日本では少子化がさらに進んだと考えられる。

(2)① イは公衆衛生，ウは社会福祉の内容。

② 被保険者は介護サービスを利用したときの費用の 1 割から 3 割を負担する。

解答 (1) 合計特殊出生　(2)① A エ　B ア　② 介護保険制度

例題 ◀労働▶

■　次の各問いに答えなさい。　　　　　　　　　　　　　　　　（大阪夕陽丘学園高）

(1)　次のグラフは雇用形態別労働者の推移を示したものである。グラフ中のCにあてはまる雇用形態を，後のア～エのうちから1つ選び，記号で答えなさい。

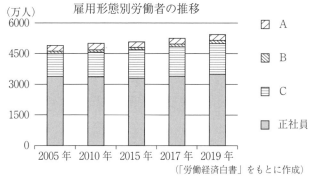

雇用形態別労働者の推移

（「労働経済白書」をもとに作成）

ア　パート・アルバイト　　　イ　派遣労働者　　　ウ　自営型テレワーカー

エ　契約労働者

(2)　右のグラフは女性の年代別労働力率を表している。このグラフについて述べた文として間違っているものを，次のア～エのうちから1つ選び，記号で答えなさい。

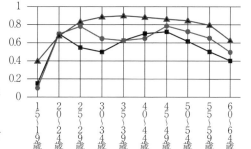

女性の年代別労働力率

（「厚生労働省資料」をもとに作成）

ア　日本のグラフが，1985年・2015年ともにM字型になっている理由は，出産や育児のために仕事を辞める女性が多いからであると考えられる。

イ　日本では，1985年も2015年も，15～19歳女性の労働力率は20％を下回っている。

ウ　日本の30～39歳にかけての女性労働力率を見ると，1985年では増加しているが，2015年では減少しており，この原因の1つに女性の晩婚化があると考えられる。

エ　日本の女性労働力率がスウェーデンより低いのは，社会保障が充実しているためであると考えられる。

解説

(1)　繁忙期のみ人員を増やすなど，企業にとってメリットの多い採用ができるため，「パート・アルバイト」の雇用者数は増加傾向にある。

(2)　日本の女性労働力率がスウェーデンより低い理由には，社会保障や子育ての環境が整っていないことがあげられる。

解答　(1) ア　　(2) エ

STEP UP

1 経済に関する次の会話文を読んで，後の問いに答えなさい。　　　　　　　　（京都光華高）

光さん：先生！ ①景気が変動すると，私たちにどんな影響があるんですか？

華先生：一般的に景気が良くなると，失業率が A {ア　上昇　　イ　下降} します。また，家計の所得が B {ア　増加　　イ　減少} し，家計の消費が C {ア　増加　　イ　減少} します。②景気が悪くなると，その逆のことが起こりますよ。

光さん：なるほど。③ものの値段（物価）も変動しますよね。

華先生：もちろん様々な出来事によって，物価は変動するけれど，基本的には競争によって価格は決まります。ただ④競争が無いと…

光さん：競争が無いと…？

華先生：消費者が困ることが起きるのですが，具体的にどのようなことが起きるのか。授業で解き明かしていきましょう。

(1)　会話文中 A～C のア・イからそれぞれ適当なものを選び，記号で答えなさい。

A ☐　　　B ☐　　　C ☐

(2)　会話文中①下線部に関して，物価が低迷する現象のことを何というか，カタカナで答えなさい。

☐

(3)　会話文中②下線部に関して，景気が悪くなると日本銀行が公開市場操作を実施する。公開市場操作の記述として正しいものを次のア～エから１つ選び，記号で答えなさい。☐

ア　日本銀行が国債を購入すれば，金融市場を流通する資金量が減少し，金融機関の金利が下がる。

イ　日本銀行が国債を購入すれば，金融市場を流通する資金量が減少し，金融機関の金利が上がる。

ウ　日本銀行が国債を購入すれば，金融市場を流通する資金量が増加し，金融機関の金利が下がる。

エ　日本銀行が国債を購入すれば，金融市場を流通する資金量が増加し，金融機関の金利が上がる。

(4)　③下線部に関して，ある商品の価格の変動について示した右図にて，需要曲線が D1 から D2 に移動するのはどのような場合か。正しいものを次のア～エから１つ選び，記号で答えなさい。☐

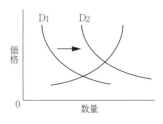

ア　スーパーなどで商品の特売が行われた。

イ　テレビで商品の健康効果が紹介された。

ウ　ブームが去り，人々の商品に対する興味が無くなった。

エ　異常気象により，商品の原材料が不作となることが分かった。

(5)　④下線部について，競争が無いことで消費者が困ることとは何か，簡潔に述べなさい。

☐

2 次の文章を読んで，後の問いに答えなさい。

(箕面自由学園高)

　デジタル経済の中で，人は何を₁豊かさと感じるのか伝統的な₂経済学の原理では，利潤を最大化するのは，価格が限界費用と等しくなるような生産量の場合であるが，デジタル経済においては，限界費用がゼロに近付いていくことにより，資本主義自体が成り立つ基盤が損なわれているのではないかという考え方が存在する。仮にあらゆるものの限界費用がゼロとなれば，価格もゼロになることとなり，₃格差社会は是正され，企業が利潤を追求するという資本主義の前提が成り立たないというものである。複製・伝達の限界費用がほぼゼロとなっているデジタルコンテンツを巡る知的財産権は，早い段階からこの試練に立たされてきたといえる。そして，代わりに他者と結びついてシェアしたいという欲求が原動力となり，協働しながら運営する「協働型コモンズ」が市場資本主義に代わりつつあるという見方である。このような見方は極論であるかもしれないが，少なくとも，₄産業革命以降確立されてきた資本主義の様々な原理がデジタル経済の進化の中で大きく変化している可能性はある。実際に，人々の行動原理が多くの金銭を得ることを目標とするものではなくなってきているという見方がある。例えば，₅SNS上に様々な情報をアップし，「いいね！」をもらおうとすることは，多くの人々の行動を動機付けていると考えられる。また，オープンソースのコミュニティでの活動は，良い評判を得ることが原動力の一つになっているだろう。人々は，より多くのつながりと，その中での評価を豊かさに大きく関係するものと感じてきているのかもしれない。また，人と₆企業との結びつきがゆるやかになることで，自らの積極的な選択により働くことや社会に参加することが，より大きな生きがいとなることも考えられる。AIによる雇用喪失の可能性を巡る議論があるものの，柔軟な働き方の中で，仕事を失うのではなく，余暇の創出となり，余暇を巡る活動に関連して新たな産業や雇用が産み出されるといった好循環が生じることも考えられる。₇デジタル経済の進化による資本主義の変化が，人々が豊かさと感じること自体も変えていく可能性があることに引き続き留意する必要がある。

　　　　　　　　　　総務省　情報通信白書　令和元年版より問題作成のため一部改

(1)　下線部1に関連して，次の①〜③に答えなさい。

①　豊かさを示す一つの指標に国内総生産があります。国内総生産を示すものとして正しいものを，次のア〜エより1つ選び，記号で答えなさい。◻️

ア　GNI　　イ　GDP　　ウ　GNP　　エ　NNP

②　次の文の（　A　）にあてはまる語句として正しいものを，後のア〜エより1つ選び，記号で答えなさい。◻️

　国内総生産は，一定期間（1年間）に国内で生産された（　A　）の総額である。

ア　固定資産　　イ　公共事業　　ウ　付加価値　　エ　有効需要

③　次の文章の（　B　）〜（　D　）にあてはまるものとして正しいものを，後のア〜カより1つ選び，記号で答えなさい。◻️

　2020年の国内総生産の世界ランキング1位は（　B　）で，2位は（　C　）です。（　C　）は，2009年までは3位でしたが，2010年に（　D　）を抜きました。

	B	C	D
ア	アメリカ	日本	中国
イ	アメリカ	中国	日本
ウ	アメリカ	日本	イギリス
エ	中国	日本	アメリカ
オ	中国	アメリカ	日本
カ	中国	アメリカ	イギリス

(2) 下線部2に関連した次の文のうち正しいものを，次のア〜エより1つ選び，記号で答えなさい。

　ア　私たちにとって，最も身近な経済主体は，家庭の経済活動を示す家計である。

　イ　所得のうち，社会保険料や貯蓄を差し引いた，自由に使える所得を可処分所得という。

　ウ　医療や美容院でのカットなど形のないものをサービスと呼び，原則として無料である。

　エ　通貨とは「現金通貨」の略称で，銀行などに預けている預金を含まない。

(3) 下線部3に関連して，次のグラフは1988年から2008年の20年間における，所得分布による国民一人当たりの所得の伸びを示しています。このグラフから読み取れるものとして誤っているものを，後のア〜エより1つ選び，記号で答えなさい。

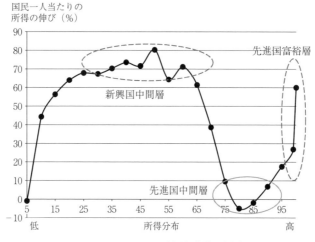

（出典）各種公表資料より総務省作成
総務省 情報通信白書 令和元年版より問題作成のため一部改

　ア　世界全体として，所得格差が縮小していることを示している。

　イ　先進国富裕層と新興国中間層で，所得が大幅に上昇している。

　ウ　国民一人当たりの所得が最も伸びたのは，新興国中間層である。

　エ　先進国に限ってみると，富裕層と中間層の格差は解消されつつある。

(4) 下線部4に関連して，2015年に世界遺産に登録された「明治日本の産業革命遺産」を示す写真として誤っているものを，次のア〜エより1つ選び，記号で答えなさい。

旧グラバー邸
ア

松下村塾
イ

長崎造船所・旧木型場
ウ

富岡製糸場
エ

(5)　下線部5に関連した次の文のうち正しいものを，次のア～エより1つ選び，記号で答えなさい。

ア　2003年，情報化社会の進展に伴い，個人情報保護法が成立した。

イ　個人の情報を守るプライバシーの権利は，憲法第13条に明記されている。

ウ　SNS上のトラブルを回避するために，匿名で他人の情報を流すことは合理的である。

エ　公共の福祉の観点から，情報公開法の成立が困難であり，未だ法制化されていない。

(6)　下線部6に関連して，次の①～③に答えなさい。

①　企業についてのべたものとして誤っているものを，次のア～エより1つ選び，記号で答えな
さい。

ア　企業の健全な競争を維持するための法律が，1947年に定められた独占禁止法である。

イ　効率よく資金を集めるために株式を発行する会社が，株式会社である。

ウ　モノの供給を1つの企業が独占し，新たな企業の参入がない状態をカルテルという。

エ　新しい技術やアイデアに基づいて創業した企業を，ベンチャー企業という。

②　現代の企業には，単に法令を守るだけでなく，社会が期待する望ましい行動に，自ら積極的
に取り組む，企業の社会的責任（CSR）の追求も重要視されています。次のⅠ～Ⅴの取り組み
の中で，CSRの追求に当てはまるものはいくつあるか，算用数字で答えなさい。当てはまるも
のがない場合は，解答欄に「0」を入れなさい。

Ⅰ　木材を扱う企業が，従業員とその家族を動員して，海岸地区の植林活動を行う。

Ⅱ　使用済みの蛍光管を回収して，リサイクル蛍光管を再製造する。

Ⅲ　途上国で，子供たち向けの交通安全教育プロジェクトを立ち上げる。

Ⅳ　引退したプロスポーツ選手を対象に，セカンドキャリアをサポートするシステムを構築
する。

Ⅴ　高校生を対象に，海外留学などに対する奨学金制度を整備する。

③　次の表は，ある日の新聞の株価欄の一部です。この表から読み取れるものとして誤っている
　ものを，後のア～エより１つ選び，記号で答えなさい。　□

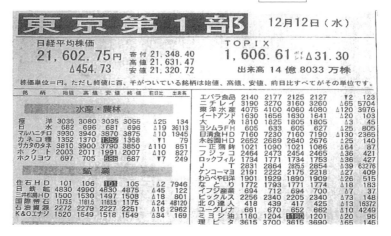

ア　この日の日経平均株価は，前日より高値で取引を終了した。

イ　前日より株価を下げたのは，エバラ食品など３社である。

ウ　100円以上株価が値上がりしたのは，東洋水産など３社である。

エ　終値が，その日の高値または安値と同じ額になっている企業はない。

(7)　下線部７に関連して，近年，スマートフォンを利用したキャッシュレス決済が注目されていま
　す。次の図は，年齢別のモバイル端末保有率を示したものです。この図から読み取れるものとし
　て誤っているものを，後のア～エより１つ選び，記号で答えなさい。　□

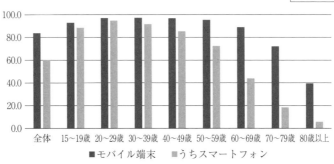

総務省　平成29年　通信利用動向調査より一部改

ア　モバイル端末保有者全体の半数以上が，スマートフォンを保有している。

イ　20歳代が，スマートフォンを保有している割合が最も高い。

ウ　若年層に比べて，高齢層のスマートフォン保有率は低い。

エ　高齢層（60歳代以上）でも，半数以上がスマートフォンを保有している。

解答・解説 社会

ニューウイング

◇地理分野◇

1．世界地理（全域）（P. 10〜17）

――〈解答〉――

1 (1)① イ ② ウ ③ ユネスコ (2)① B ② ア (3)ウ (4)ⓐ ア ⓑ ウ

2 (1)① アメリカ合衆国，c ② オーストラリア，e ③ スペイン，a ④ 中華人民共和国，b ⑤ カナダ，d (2)(2 月) 8 (日) 午後 10 (または，22)(時) (3)1 (時間)

3 (1) B (2)1．ア 2．イ 3．イ 4．ウ 5．ア (3)イ・エ・オ・カ

4 (1)あ．モスクワ い．ブラジリア (2)ジャカルタ (3)イ (4)カ (5)ウ (6)BRICs (7)エ (8)ア

1 (1)① 正距方位図法では中心からの距離と方位が正しく表される。③ 教育・科学・文化を通じて，国どうしが協力して平和を守ることを目的としている。(2)① 赤道はギニア湾，シンガポールの南端付近，ブラジルの北部などを通る緯線。② 天然ゴムの生産は東南アジアの国々が世界の約 7 割を占めている。イはコートジボワールやガーナ，ウはインドや中国，エは中国やインド，ケニアでの生産がさかん。(3)a は南アメリカ大陸。(4)サンフランシスコはアメリカ合衆国の西海岸に位置する都市。

2 (1)① アメリカ合衆国にはさまざまな民族が暮らし，それぞれの文化を失わずに共存しているので「人種のサラダボウル」と呼ばれる。② メルボルンはシドニーに次ぐ，オーストラリア第二の都市。③ バルセロナでは 1992 年に夏季オリンピックが開催された。④ シャンハイは長江の河口にある中国最大の都市。⑤ モントリオールでは 1976 年に冬季オリンピックが開催された。(2)経度差 15 度ごとに 1 時間の時差が生じるので，経度差が 210 度ある 2 地点の時差は 14 時間。本初子午線をはさんで東にある日本の時刻から 14 時間を引くとよい。(3)ロンドン

は本初子午線（経度 0 度）が通っており，日本との時差は 9 時間。東京と a の首都の時差が 8 時間なので，a の首都とロンドンの時差は 1 時間。

3 (1)極付近から赤道へ向かって流れる海流が寒流。(2)1．イは南アメリカ大陸の西側を北上する寒流，ウは日本海を南下する寒流。2．中緯度付近を西から東へ 1 年中吹く風で，日本の天気の変化にも影響を与える。3．西岸海洋性気候は月ごとの降水量の変化が小さいことも特徴の一つ。4．モスクワは冬の気温が低い亜寒帯（冷帯）に属している。5．ローマは夏に乾季がある地中海性気候。(3)カードが示しているのは，アラビア半島など西アジアの地域。米やパンを主食とし，多くを占めるイスラム教徒は豚肉を食べない。

4 (1)会話文中に「人口が多い国の上位 10 か国」とあるので，ロシアとブラジルの首都のどちらか。また，「第 7 位から第 10 位が政治都市や何らかの理由で移された首都」とあるので，「い」にあてはまるのは 1960 年にリオデジャネイロから首都移転が行われたブラジリアとなる。(2)ジャカルタの緯度は，南緯 6 度付近。(4)A．ンジャメナはサヘルに位置し，ステップ気候で年間降水量が少ない。B．バンコクはサバナ気候で，年間を通して気温が高く夏の降水量が多い。C．アディスアベバは標高が高いので，赤道に近くても平均気温が低い。(5)a．酸性雨の原因物質は偏西風にのって西から東へ移動するので，a の地域より東に位置する旧ソ連構成国での化石燃料の燃焼が関係しているとはいえない。(6)BRICs の「s」を大文字で表す場合は，南アフリカ共和国も含まれる。(7)ジュートは麻の一種でそのほとんどがインドやバングラデシュで生産されることから C，米は東南アジアを中心に生産されるため B，残る A がヤギ。(8)近年の伸びが大きいグラフを選ぶ。イはアメリカ，ウは日本，エはインド。

2．日本地理（全域）（P. 22〜27）

――〈解答〉――

1 (1)潮目 (2)南鳥島 (3)エ (4)イ (5)ウ (6)エ (7)伝統的工芸品

2 (1)① 積雪から家を守るため。② 強風や寒さから守るため。（それぞれ同意可）(2)Y の地域は洪水に遭いやすいため，水害から住まいを守

るために堤防で囲んでいる。(同意可)

3 (1)① モンスーン　② フォッサマグナ　(2)エ
(3)ア　(4)① ウ　② ア

4 (1)イ　(2)成田(国際空港)　(3)イ　(4)ア　(5)
オ　(6)エ　(7)農業就業人口の減少と高齢化が
進んでいる。(または, 農業就業人口が減少して
いる上に, 15～64歳の農業就業人口の割合も減
少している。)(同意可)

---

1 (1)⑧では, 暖流の黒潮 (日本海流) と, 寒流の親潮
(千島海流) がぶつかる。潮境ともいう。(2) 南端の
沖ノ鳥島とともに東京都に属する島。(3) 地図から,
約30度の経度差 (＝時差は2時間) があることが
わかる。(4) 北緯45度の緯線はフランスのほか, イ
タリア, 中国, アメリカなどを通る。(5) 中国山地と
四国山地に挟まれた瀬戸内の気候は, 年間を通じて
降水量が少ない特徴を持つ。(6) 養殖漁業では放流せ
ず, 「いけす」などを使って育てられる。

2 (1)① 雪がすべり落ちやすいように傾斜がつけて
ある。② 吹雪などの際に屋内に雪が入り込まないよ
うにする効果がある。(2) Yは, 揖斐川, 長良川, 木
曽川という大きな3つの河川に囲まれた地域で, 昔
から洪水の被害が起きやすかった。「水屋」は避難用
の小屋。

3 (1)② ラテン語で「大きな溝」という意味。西の
端は, 糸魚川―静岡構造線にあたる。(2) アは日本の
最北端, イは最東端, ウは最南端の島。(3) 夏と冬の
気温差が大きく, 年間を通して降水量が少ない点に
注目。(4)① ア.「シリコンアイランド」と呼ばれて
いるのは九州。イ.「リンゴ」ではなく, ミカンやレ
モンなどの栽培が盛ん。エ. 広島県の呉と愛媛県の
松山をつなぐ高速船などが運行している。② やませ
(夏に吹く冷たい北東風) が吹くのは「日本海側」で
はなく, 太平洋側。

4 (1) アは青森県, ウは京都府, エは山形県について
述べた文。(3) 瀬戸内工業地域は臨海部の岡山県倉敷
市や山口県周南市に大規模な石油化学コンビナート
があり, 全国平均よりも化学工業の割合が高い。A
は機械工業, Cは食料品工業, Dは繊維工業。(4) イ
は鳥取県, ウは愛知県, エは和歌山県の農業につい
て述べた文。(5) 豚やにわとりの飼育頭数が全国上位
の鹿児島県はシラス台地における畜産業がさかん。

一方で, 水もちの悪さから稲作はさかんではない。
千葉県は大都市に近く, 近郊農業がさかんで野菜の
産出額の割合が高い。(6) 鹿児島県では大隅半島の笠
野原台地を中心に茶の栽培がさかん。(7) 資料5から
は農業就業人口が年々減少していること, 資料6か
らは農業就業人口に占める65歳以上の高齢者の割
合が年々増加していることを読み取る。日本では農
業だけではなく, 林業・水産業などでも就業者の高
齢化が進み, 若い後継者が不足している。

3. 地理総合　(P. 30～34)

――――〈解答〉――――

1 (1)① ウ　② イ　③ ヒンドゥー(または, ヒン
ズー)(教)　④ ICT　(2)① ウ　② 1. イ　2.
ア　3. オ　4. ウ　③ 多国籍企業　(3)① イ
② 関東ローム〔層〕　(4)① イ　② イ　(5) トラ
フ　(6) 消防署　(7) 鹿児島〔県〕

2 (1) 札幌(市)　(2) ウ　(3)① イ　② 1. アイヌ
2. 開拓使　3. 屯田兵　(4)① 客土　② ウ　③
エ　(5)① USMCA　② エ　③ 白豪主義　④
タイガ

---

1 (1)① インドネシアは, マレーシアやタイと比べて
工業化が進んでおらず, 「機械類」が占める割合は小
さい。② かつてイギリスの植民地だった「ケニア」
や「スリランカ」は, 茶の輸出量が多い。④ 従来の
IT (情報技術) と比べ, 情報の伝達を重視した表現
となっている。(2)① おおむね西経100度の経線を
境に, 東は降水量が500mm以上, 西は500mm以
下となっている。② 1. 大消費地に近く冷涼な気候
のため, 酪農が発達している。2. 北部では春小麦,
南部では冬小麦を栽培している。3. コットンベル
トと呼ばれ, 温暖な気候を生かした綿花の栽培がさ
かん。4. アメリカ中央部に広がるトウモロコシの
栽培がさかんな地域は, コーンベルトと呼ばれる。
③ グローバル化の進展とともに増加しており, 複数
の国に販売網を広げるとともに, 生産コストの安い
国に工場を設けるなどして活動している。(3)① 群
馬県では家屋の敷地の北西部に, 風をさえぎるため
の屋敷森と呼ばれる防風林が植えられているところ
もある。② 火山灰土のため水もちが悪く, 稲作では
なく畑作が発達している。(4)① 等高線の間隔がせ

まいほど急な斜面となっている。② それぞれの地点の標高は，X が 2060m，Y が 1910m。(5)「トラフ」とは，海溝よりは浅い，海底を走る幅の広い溝のこと。南海トラフは，ユーラシアプレートとフィリピン海プレートの境界に形成されている。(7)「奄美大島，徳之島，沖縄島北部及び西表島」が日本で 5 件目の世界自然遺産に登録された。

2 (1) 石狩平野にある政令指定都市。(2) アが釧路，イが帯広，エが小樽。(3)① 濃霧が発生すると気温が上がらないため，根釧台地などは稲作・畑作には不向きな地となっている。②1．北海道やサハリン（樺太），千島を中心に居住する先住民。2・3．北海道開拓とロシアに対する警備にあたった。(4)① 石狩川下流の泥炭地は，排水や土壌の入れかえ工事で水田地帯になった。③ ア・イは 5 割を「下回って」いる。ウの「最も産出額が大きい」のは乳用牛。(5)①2020 年に USMCA（アメリカ・メキシコ・カナダ協定）が結ばれ，NAFTA（北米自由貿易協定）は失効した。② フランスは原子力の割合が高い。アはロシア連邦，イは日本，ウはカナダ。③「白人だけのオーストラリア」をめざした政策で，1970 年代には終了した。④ カナダなどにも針葉樹林帯が広がっている。

◇歴史分野◇

1．日本史（古代～近世）（P. 38～45）

――――〈解答〉――――

1 A. (1) イ (2) オ (3) イ　B. (1) イ (2) ア
(3) オ　C. (1) ウ (2) ウ (3) 1281 年
2 (1) 1．ペリー　2．日米和親　3．井伊直弼
　4．日米修好通商 (2) エ (3) 箱館・下田 (4)
　安政の大獄 (5) ア (6) イ→ウ→ア→エ
3 (1) エ (2) ア (3) イ (4) ウ (5) ウ (6) エ
　(7) オ (8) イ (9) ウ (10) エ (11) イ (12) ア (13)
　エ (14) イ
4 (1) ウ (2) ア (3) ア (4) イ (5) エ (6) イ
　(7) ウ (8) エ (9) イ (10) エ

1 A. (1)「動物愛護政策」である生類憐みの令を出した徳川綱吉の父は，江戸幕府の 3 代将軍。(3) 新井白石が行った一連の政治改革を「正徳の治」という。

B. (1)「私」とは藤原道長。日記の題名は「御堂関白記」だが，道長は関白には就かなかったので注意が必要。(3)『万葉集』は奈良時代に成立した和歌集。

C. (1)「特別な関係」とは土地を仲立ちとした御恩と奉公の関係のこと。御恩は，将軍が御家人の領地を保護したり，新たに領地を与えたりすること。奉公は，御家人が鎌倉や京都を警備したり，将軍のために命をかけて戦ったりすること。(2)「私」とは源頼朝で，その妻は北条政子。アは北条政子の父，イ・エ・オは北条義時の子孫。(3) 元軍による 1 度目の襲来は文永の役（1274 年），2 度目の襲来は弘安の役（1281 年）と呼ばれる。

2 (1)「水野忠邦」は天保の改革を行った老中。「ハリス」は日米修好通商条約に調印したアメリカ総領事。(3) 他の 3 港は，日米修好通商条約で開港された。(4)1858 年から 1859 年の出来事。「蛮社の獄」は 1839 年，「モリソン号事件」と「大塩の乱」は 1837 年の出来事。(5)1894 年に，陸奥宗光がイギリスとの交渉において撤廃に成功した。(6) アは 1867 年。イの「南京条約」は 1842 年。ウは，薩英戦争が 1863 年，四国艦隊下関砲撃事件が 1864 年。エは 1868 年。

3 (1) エは飛鳥時代に建てられた寺院について述べた文。(2) アの「国司」は，郡司が正しい。国司には都の貴族が任命された。(3) い．租は口分田の収穫量の約 3 ％を稲で納めた税。う．「庸」や「調」の説明。(4)「源義家」は前九年の役・後三年の役で活躍した武将。「藤原鎌足」は大化の改新で活躍した藤原氏の祖。(5) X は 9 世紀末，Y は 8 世紀後半～9 世紀初め，Z は 11 世紀のできごと。(6) 執権は将軍の補佐をする役職だった。承久の乱後に新たに置かれた地頭は「新補地頭」と呼ばれた。(7)「新古今和歌集」は承久の乱（1221 年）をおこした後鳥羽上皇が編さんを命じた和歌集。元寇は 1274 年と 1281 年のできごと。(8)「李舜臣」は豊臣秀吉の朝鮮出兵の際に日本軍と戦った朝鮮の将軍。(9) 室町幕府 3 代将軍の足利義満についての説明を選ぶ。(10) X は 1534 年，Y は 1492 年，Z は 1517 年のできごと。(11) 大阪と江戸を結ぶ航路は，南海路と呼ばれた。(12) イは化政文化に関して述べた文。ウの『風神雷神図屏風』は俵屋宗達の作品。エの『富嶽三十六景』は葛飾北斎の作品。(13) 松平定信が寛政の改革を行っていたのは 18 世紀後半。ア・ウは 17 世紀，イは 19 世紀のできごと。

⑭ X は 8 代将軍徳川吉宗，Y は吉宗の孫である松平定信の政策。Z は吉宗と定信の間の時期に商業重視の政策をとった田沼意次の説明。

4 (1) ア は奈良時代の天平文化，イ は弥生文化，エ は平安時代の国風文化の特徴。(2) のちには足軽鉄砲隊が組織されるようになった。(3)「竹崎季長」は，元寇の際に活躍した鎌倉時代の御家人。「胡」は中国人が北方民族を指すときに使った呼び方。(4) 延暦寺は比叡山に建てられた天台宗の総本山。(5) 藤原道長の息子であり，摂関政治を展開した。(6) 明との間で勘合貿易を始めたのは，足利義満。(8) ア は昭和時代，イ は飛鳥時代，ウ は安土桃山時代に関するもの。(9) イ は平安時代初期につくられた勅撰和歌集。(10) 鑑真に関する説明を選択。

2．日本史総合　(P. 48〜55)

─────〈解答〉─────

1 (1) ×　(2) 渡来人　(3) イ　(4) 藤原道長　(5) 北条泰時　(6) プロテスタント　(7) 兵農分離　(8) エ　(9) 下関条約　(10) ウ

2 (1) 推古（天皇）　(2) 墾田永年私財法　(3) ウ　(4) ア　(5) ウ　(6) ウ　(7) イ　(8) 下田　(9) ア

3 (1) ア　(2) 惣　(3) イ　(4) 徳川家康　(5) ① 営業の<u>独占</u>を認めるかわりに，<u>税</u>を納めさせる（同意可）　② 日米修好通商条約　(6) オ

4 (1)① カ　② イ　③ コ　④ ウ　⑤ ク　⑥ キ　⑦ ア　(2) Ⅰ．十七条〔の〕憲法　Ⅱ．朱印船貿易　Ⅲ．日清戦争　Ⅳ．日米和親条約　Ⅴ．元寇　(3) C→A→F→B→E→D　(4) 冠位十二階　(5) 島原・天草一揆　(6) キリスト教の<u>布教</u>を行わなかったから。（同意可）　(7) ウ　(8)① フランス　② ドイツ　③ イギリス　④ アメリカ　(9) ア　(10) ウ　(11) A．カ　B．エ　C．イ　D．オ　E．ア　F．ウ

───────────

1 (1) 卑弥呼は「親魏倭王」の称号を得た。「漢委奴国王」は，57 年に漢の光武帝から日本の奴国の王におくられた金印に刻まれていた文字。(3) それまでの家がら重視の氏姓制度を改めようとしたもの。(4) 息子の藤原頼通とともに摂関政治の全盛期を築き上げた人物。(5) 北条泰時は 3 代執権。「武家法典」とは御成敗式目のこと。(6) ローマ教皇を最高指導者とす

るキリスト教会の人々はカトリックと呼ばれる。(7) この考え方は，江戸幕府による士農工商の身分制度にもつながった。(8) 目安箱を設置したのは，8 代将軍の徳川吉宗。(9) 清は日本に対し，約 3 億円の賠償金を支払うこと，台湾や遼東半島などを譲り渡すこと，朝鮮の独立を認めることなどが取り決められた。(10) 米騒動は 1918 年の出来事。ロシア革命で誕生したソ連に干渉するためのシベリア出兵を見越して商人たちが米を買い占めたことなどから，米価が高騰したことが背景にあった。

2 (1) A は役人の心構えを示した十七条の憲法。(2) 743 年に聖武天皇によって出された法令。(3) 1 は平清盛。ウ は 1156 年に起こり，平清盛・源義朝らが活躍した。ア は 935 年，イ は 1221 年，エ は 1637 年に起こった戦い。(4) 2．「両替商」は，金銀の交換や金貸しなどを行う商人で，江戸時代に活躍した。3．鎌倉幕府の御家人は，「御恩と奉公」の関係で将軍と結びついていた。(5) 鎌倉時代の仏教についての文を選ぶ。ただし，ア の「親鸞」は法然が正しい。「親鸞」は浄土真宗の開祖。イ は奈良時代，エ は平安時代の仏教について述べた文。(6) F は江戸時代の呉服店の様子。a の「座」は，株仲間が正しい。(7) G は江戸幕府の 8 代将軍徳川吉宗が定めた公事方御定書。イ は田沼意次が行った政策。(8) H は日米修好通商条約の条文。(9) I は五箇条の御誓文。「攘夷」とは，外国勢力を追い払って入国を拒むこと。

3 (1) 和同開珎の発行がはじまったのは飛鳥時代末期で，日本からは遣唐使が送られていた時期。(2) 惣の共同体意識は強く，年貢の軽減や借金の取り消しを認めさせるために，しばしば一揆の中心となった。(3)「問（問丸）」はおもに船を用いて，海路で物資を運んだ水上運送業者。また，港に倉庫を構えて物資の保管も行った。「座」は鎌倉時代や室町時代の同業者組合。(5)① 田沼意次は商業に重点を置く政策を展開した老中。② 外国に領事裁判権を認め，日本に関税自主権がない不平等な内容を含んでいた。(6)(i) は 1885 年，(ii) は 1890 年，(iii) は 1871 年のできごと。

4 (1)② 推古天皇の摂政となった。③ 参勤交代を武家諸法度で制度化した。④「親魏倭王」の称号を授けられた。⑥ 安政の大獄に反発した水戸藩の元藩士たちにより，桜田門外の変で暗殺された。⑦ 鎌倉幕府の 8 代執権。(2) Ⅰ．仏教や儒教などの考え方が取

り入れられている。Ⅱ.「海外渡航を許可する証書」を朱印状といった。Ⅲ. 下関条約で得た賠償金の一部は，八幡製鉄所の建設費用となった。Ⅳ. 下田（静岡県）と函館（北海道）の2港を開いた。Ⅴ. 1度目の襲来を文永の役，2度目の襲来を弘安の役という。(3) A は飛鳥時代，B は江戸時代前期，C は弥生〜古墳時代，D は明治時代，E は江戸時代後期，F は鎌倉時代の様子。(4) 家柄にかかわりなく，才能や功績のある人物を役人にしようとした制度。(5) 1637年に，天草四郎を中心に一揆を起こしたが，江戸幕府に鎮圧された。(6) キリスト教は，神への信仰を重んじる教えのため，江戸幕府は支配のさまたげになると考えた。(7) 1世紀には奴国も同じような理由から後漢へと使者を送り，「漢委奴国王」の金印を授かったと考えられる。(8)① 1894年に露仏同盟が結ばれた。③ 1902年に日英同盟を結んだ。④ 日露戦争では，日本とロシアの仲介をし，アメリカのポーツマスで講和会議が開かれた。(9) アメリカから中国へ向かうには，大西洋を横断して南アフリカやインドを経由するよりも，太平洋を横断する方が早いため，日本をその経由地にして燃料や食料の補給ができるようにしようとした。(10) b は函館，d は新潟，e は神奈川（横浜），f は兵庫（神戸），g は長崎。(11) A. カは飛鳥文化を代表する，広隆寺の弥勒菩薩像。B. エは江戸時代に，幕府がキリスト教徒を見つけるために用いた踏絵。C. イは古墳時代に，渡来人によって伝えられた技術で作られた須恵器。D. オは日清戦争前の日本と清（中国），ロシアの関係をえがいた風刺画。E. アは鎖国中の日本に，ペリーが軍艦を率いて来航した様子をえがいた資料。F. ウは元軍と戦う御家人の様子をえがいた資料。

3．歴史総合 （P. 58〜62）

――〈解答〉――

1 (1) イ (2) ア (3) ウ (4) 安政の大獄 (5) ウ
(6) エ (7)① エ ② ア (8) ウ (9) 皇民化（政策） (10) 日ソ中立条約

2 (1) エ (2) イ

3 (1) ウ (2) エ (3) イ (4) イ (5) イ (6) ウ
(7) キ (8) イ

1 (1) インドでは，デカン高原などで綿花の栽培がさ

かん。(3) X.「台湾」は獲得していない。(4) 井伊直弼は弾圧に反発する元水戸藩士たちによって暗殺された（桜田門外の変）。(5) 下田港は，横浜港の開港にともない閉鎖された。(6) Ⅰ は韓国併合に否定的な立場で，Ⅱ は韓国併合に肯定的な立場で詠まれたもの。(7)①「関東大震災」は，世界恐慌が起きる以前の1923年に起こった。② 世界的な大不況に対して，アメリカはニューディール政策，イギリスはブロック経済政策で対応した。(8) X.「蔣介石が率いる国民党」，「毛沢東を指導者とする共産党」が正しい。(10) 1945年8月，ソ連は日ソ中立条約を破棄して日本に宣戦布告した。

2 (1) 史料に「勘合を用いた中国との交易」とあることから，足利義満が1404年に始めた日明間の勘合貿易であることがわかる。明は，1368年に建国された中国の王朝。王朝 A は唐，王朝 B は宋，王朝 C は元。(2) 白河上皇は，1086年に院政をはじめ，フビライ＝ハンは，1271年に元を建国した。イは，1221年に起こった承久の乱の説明。アは11世紀初め，ウの壬申の乱は672年，エは14世紀後半の出来事。

3 (1) 第一次世界大戦のきっかけとなったオーストリア皇太子夫妻の暗殺事件を，サラエボ事件という。(3) 日中戦争のきっかけとなった事件で，1937年に起こった。(4) アは，1911年に関税自主権の回復に成功した人物。(5) 日露戦争の講和条約（ポーツマス条約）において，朝鮮における日本の優越権が認められた。(6) その後，伊藤博文は1909年に韓国の青年安重根に暗殺された。(7)① は第一次世界大戦，②・⑤ は日清戦争，③ は第二次世界大戦，④ は日中戦争。(8) C の第二次世界大戦の開戦は1939年。アは1919年，イは1941年，ウは1932年，エは1929年。

◇公民分野◇

1．公民総合 （P. 68〜73）

――〈解答〉――

1 (1)① ジェンダー ② オ (2)① エ ② エ ③ イ ④ ア (3)① イ ② ア (4)① 南北 ② ウ

2 (1) エ (2) エ (3)① イ ② ア ③ イ (4)① イ ② 世界金融危機（または，リーマンショック） (5) 公共の福祉 (6) 非核三原則 (7) C

1 (1)② イは直接差別に該当する。(2)① ア．「比例代表制」が違憲とされたことはない。イ．違憲の理由は，海外に住む日本人の選挙権を制限していた公職選挙法の規定が，投票機会の平等を保障した日本国憲法に違反すると判断されたため。ウ．夫婦別姓は，現在の民法では認められていないし，最高裁判所もこの民法が合憲であるとしている。② 国民審査は衆議院議員選挙のときに限られる。③ 1 は吉田茂，2 は佐藤栄作，3 は安倍晋三。(3)① B にはエ，C にはア，D にはウが当てはまる。② 日本銀行が行う公開市場操作（オペレーション）は，一般銀行との間で行われる。C の時期は，国債等の有価証券を一般銀行から買うことにより資金供給量を増やす買いオペレーションが行われる。(4)① 先進国は北半球に，発展途上国は南半球に多いことに由来する呼び名。② ア・イ・エはいずれも EU 加盟国であったことはない。

2 (1) Q が供給曲線。数量が増えると右へ移動する。(2) ある製品の生産・供給を少数の企業が支配している状態を寡占という。(3)① アメリカでは，民主党と共和党が二大政党となっている。ア・エは一党独裁，ウは多党制の国。③ 各国の通貨の価値は市場で決まっており，ある国の通貨が売られるとその価値は下がる。A グループの通貨が売られて安くなると，商品の輸出価格は下がるため輸出が有利になり，輸出量は増えると考えられる。(4)① 不景気の時，政府は企業の利益や家計の所得を増やし，景気を刺激する政策を行う。② 2007 年から，信用度の低い借り手に対するローン（サブプライムローン）の不良債権化が問題となり，各国の金融機関が大きな影響を受け，世界的な金融危機が起こった。2008 年には，アメリカの大手証券会社が倒産し，連鎖的に影響が広がったため，そのことを象徴的にとらえて「リーマンショック」ともいう。(5) 社会全体の共通の利益を指し，人権どうしが衝突した時にそれを調整する原理となっている。(7) それぞれのグループの最終的な道具と資源の合計保有数は，A が 10，B が 6，C が 12，D が 7 となった。

2．政治総合　(P. 76～81)

─〈解答〉─

1 (1)① イ　② 国民投票　(2)① by　② ア・ウ・オ　③ エ　④ イ　⑤ エ　(3)① 弾劾（裁判）　② ウ

2 (1) ア　(2) 落選者に投票された（または，当選に反映されない）票のこと。（同意可）　(3)① 三権分立（または，権力分立）　② ウ　(4) メディアリテラシー　(5) イ

3 (1) ウ　(2) 4 人　(3) 国民審査　(4) イ　(5) 男女共同参画社会基本法

4 (1) ウ　(2) ウ　(3) イ　(4) ア　(5) エ

1 (1)① 内閣総理大臣の指名は国会が行う。② 憲法改正の国民投票では，有効投票の過半数の賛成があれば可決される。(2)① 日本語訳は「人民の，人民による，人民のための政治」。② イ．投票時間の延長や期日前投票の導入は投票率を上げるための施策。エ．比例代表制よりも小選挙区制の方が死票は多い。③ ア・イ・ウはいずれも内閣の働き。④ 参議院議員の被選挙権が与えられるのは 30 歳以上。ア・ウ・エはいずれも 25 歳以上。⑤ ア．「首長」ではなく，選挙管理委員会に対して行われる。イ．「3 分の 1 以上」ではなく，50 分の 1 以上の署名が必要。ウ．「50 分の 1 以上」ではなく，3 分の 1 以上の署名が必要。(3)① 弾劾裁判所は国会に設置される機関で，衆議院から 7 名と参議院から 7 名の合計 14 名が選ばれ，裁判官を裁くための裁判員の役割を果たす。②「国民→国会」は選挙，「国会→内閣」は国政調査権など，「内閣→裁判所」は最高裁判所長官の指名など。

2 (2) 比例代表制の場合は，得票数に応じて議席を配分することから死票は比較的少なくなるが，多党分立により政治が不安定になりやすい。(3)① フランスの思想家モンテスキューが『法の精神』で説いた考え方。②「国民審査の実施」は国民が裁判所に，「最高裁判所長官の指名」は内閣が裁判所に対してもつ権限。(4)「リテラシー」とは，与えられた材料から必要な情報を選び取り，それを活用する能力のこと。(5) アは新しい人権全般，ウは社会権，エは知る権利の説明。

3 (1) 小選挙区制のメリットには，二大政党制がつくられやすいというものもある。(2) ドント式では，各

政党の得票数を順に 1・2・3…と自然数で割っていき，商の大きなものから当選者を割り振っている。A 党と B 党から 4 人ずつが選出される。(3) 衆議院議員総選挙の投票日に同時に行われる。(4) エも国から配分される財源だが，使い道が特定されている点に注意。

4 (1) 立憲主義は憲法に基づいて政治を行うという考え方であり，「法の支配」によって実現される。(2) 生存権，労働基本権なども社会権に当てはまる。(3) Y．予算について両院が異なった議決をした場合は，両院協議会を開き，それでも意見が一致しなければ，衆議院の議決が国会の議決となる。(5) ア．日本国憲法が認める国民投票は，憲法改正の際に行われる。地方自治体では，その自治体に住む住民を対象に住民投票を行うことができる。イ．「オンブズマン制度」は地方自治体で導入されている。ウ．国政選挙も 18 歳から投票できる。

3．経済総合 (P. 84～88)

─〈解答〉─

1 (1) A．イ　B．ア　C．ア　(2) デフレーション　(3) ウ　(4) イ　(5) 自由な競争が行われないので，適正よりも高い価格で販売される可能性がある。(同意可)
2 (1) ① イ　② ウ　③ イ　(2) ア　(3) エ　(4) エ　(5) ア　(6) ① ウ　② 5　③ エ　(7) エ

1 (1) 景気が良くなると，商品が多く売れて企業は生産を増やそうとして雇用を増やすので，失業者は減る。また，企業の利益が増えるので給料が上がり，消費も増える。(2) これに対して，物価が上がり続ける現象をインフレーションという。(3) 日本銀行は，公開市場操作などを行う金融政策を展開し，景気の調整を図る中央銀行。(4) 需要は消費者が買おうとする量のこと。需要曲線が右へ移動するのは需要が増えた場合。(5) 企業による競争がなくなって，生産を少数の企業が行ったり（寡占），1 つの企業が行ったり（独占）するようになると，限られた企業が生産量や価格を都合よく決めてしまう可能性がある。
2 (1) ① アは国民総所得，ウは国民総生産，エは国民純生産の略称。② 新しく生み出された財やサービスの価値のこと。(2) イ．「貯蓄」が税金の誤り。ウ．

「無料である」が誤り。エ．「預金」は預金通貨と呼ばれ，通貨に含まれる。(3) 先進国中間層の国民一人当たりの所得の伸びは低く，格差は解消されていない。(4) エは 2014 年に「富岡製糸場と絹産業遺産群」の構成資産として世界遺産に登録されている。(5) イ．プライバシーの権利は，憲法には直接明記されていない「新しい権利」と呼ばれる権利。ウ．「他人の情報を流すこと」自体がトラブルを生じさせるおそれのある行為で，「匿名で」行っても身元が知られる場合もある。エ．情報公開法は 1999 年に成立している。(6) ① カルテルとは，同じ種類の産業の企業が連合し，価格や生産量などについて協定を結ぶこと。② 環境によい商品の開発や，地域文化への貢献，障がいのある人の雇用などの取り組みもある。③「日水」「K＆O エナジ」「ピックルス」は終値と高値，「大冷」は，終値と安値が同じ額になっている。(7) 高齢層のスマートフォン保有率は，半数以下なので誤り。

【写真協力】 As6022014・Wadogin・via Wikimedia・CC BY ／ As6673・Eirakutsuho-gin・via Wikimedia・CC BY-SA ／ As6673・Keicho-koban・via Wikimedia・CC BY-SA ／ Chris 73・Jesus on cross to step on・via Wikimedia CC-BY CA ／ Chris 73・Old Glover House Glover Garden Nagasaki Right..JPG・via Wikimedia・CC BY-SA ／ Indiana jo・長崎造船所 旧木型場 1.JPG・via Wikimedia・CC BY-SA ／ MASA・Shokasonjuku.jpg・via Wikimedia・CC-BY SA ／ Southbank Centre・Malala Yousafzai・https://flic.kr/p/kPvB7W ／ ピクスタ株式会社 ／ 株式会社フォトライブラリー ／ 帝国書院 ／ 奈良県立橿原考古学研究所附属博物館 ／ 毎日新聞社

【地形図】 本書に掲載した地形図は，国土地理院発行の地形図・地勢図を使用したものです。